P9-AFI-199

Ñam-ñam

Mi bebé come bien

Ñam-ñam

Mi bebé come bien

Philippe Grandsenne

WITHDRAWN

LAROUSSE

EDICIÓN ORIGINAL

Dirección
Stephen Bateman, Pierre-Jean Furet

Edición
Delphine Kopff, con la ayuda de Carolina Lepeu

Ayudantes de edición
Élodie Ther, Charlotte Buch-Muller

Adaptación y realización
Dominique Grosmangin

EDICIÓN ESPAÑOLA

Dirección editorial
Jordi Induráin Pons

Edición
M. Àngels Casanovas Freixas

Edición gráfica
Eva Zamora Bernuz

Traducción
Marga Latorre

Corrección
Àngels Olivera Cabezón

Maquetación y preimpresión
dos més dos, edicions s.l.

Cubierta
Mònica Campdepadrós

Fotografías
Age Fotostock (pp. 13, 52, 55, 60, 65, 73, 79, 89, 97, 103), Age Fotostock/Aflo (p. 104), Age Fotostock/Axxa International Sp (p. 51), Age Fotostock/Iconos (pp. 17, 49, 92), Age Fotostock/Marka (pp. 57, 101), Age Fotostock/Mauritius Images (pp. 14, 94), Age Fotostock/Picture Partners (pp. 29, 33, 74), Age Fotostock/Science Photo Library (pp. 19, 22, 30), Age Fotostock/Stock Food (pp. 56, 63), Age Fotostock/Totem (p. 61), Archivos Larousse Editorial, S.L. (p. 102), Getty Images/StockByte (p. 83), LatinStock (pp. 75, 105), LatinStock/BSIP (pp. 35, 43, 90), LatinStock/Masterfile (pp. 46, 77), LatinStock/Rynio (p. 38), R. Martin (pp. 8, 69).

© 2007 Hachette Livre
© 2009 LAROUSSE EDITORIAL, S.L.
1.ª edición: 2008
1.ª reimpresión: 2009
Mallorca 45, 3.ª planta – 08029 Barcelona
Tel.: 93 241 35 05 – Fax: 93 241 35 07
larousse@larousse.es – www.larousse.es

Reservados todos los derechos. El contenido de esta obra está protegido por la Ley, que establece penas de prisión y/o multas, además de las correspondientes indemnizaciones por daños y perjuicios, para quienes plagiaren, reprodujeren, distribuyeren o comunicaren públicamente, en todo o en parte y en cualquier tipo de soporte o a través de cualquier medio, una obra literaria, artística o científica sin la preceptiva autorización.

ISBN: 978-84-8016-825-0
Depósito legal: NA-601-2009
Impresión: Gráficas Estella, S.A.
Impreso en España – Printed in Spain

Sumario

UNA POSTURA ADECUADA, COMPLETAMENTE SEGURO

COMER CON LIBERTAD

EL PAPEL DEL PEDIATRA

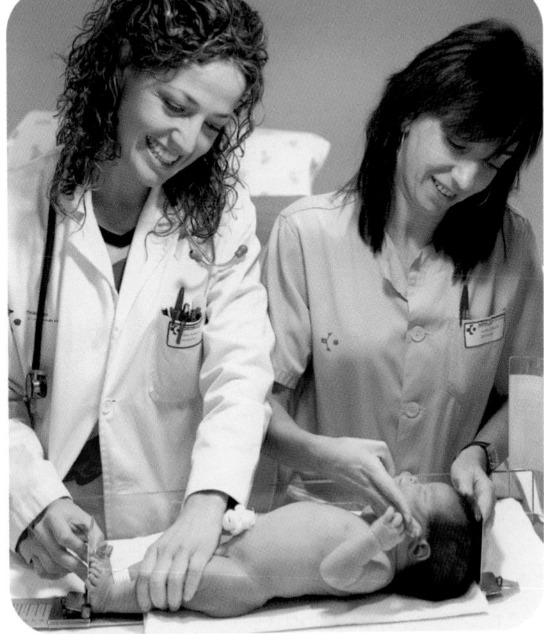

LOS TRASTORNOS QUE MÁS PREOCUPAN A LOS PADRES

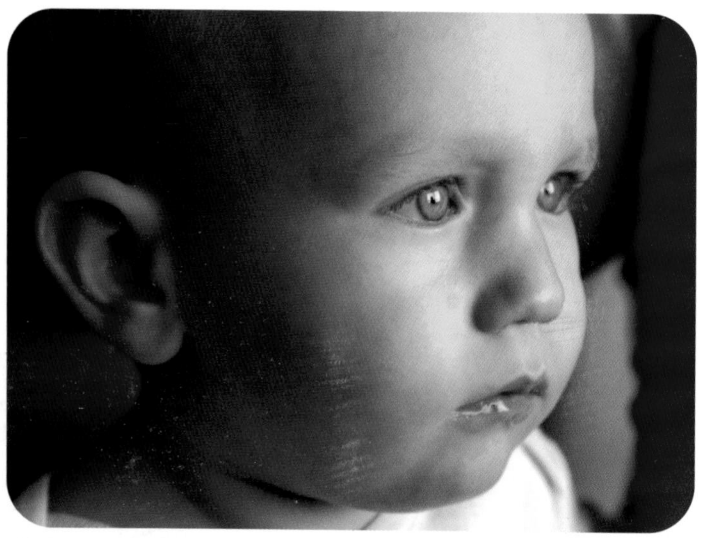

Una postura adecuada, completamente seguro

Los padres tienen que procurar que su hijo tenga una postura adecuada para comer. Para un bebé, tener una postura adecuada no significa estar frente al televisor ni frente al vacío. Le gusta estar en brazos de sus padres, cara a cara, mirándose a los ojos.

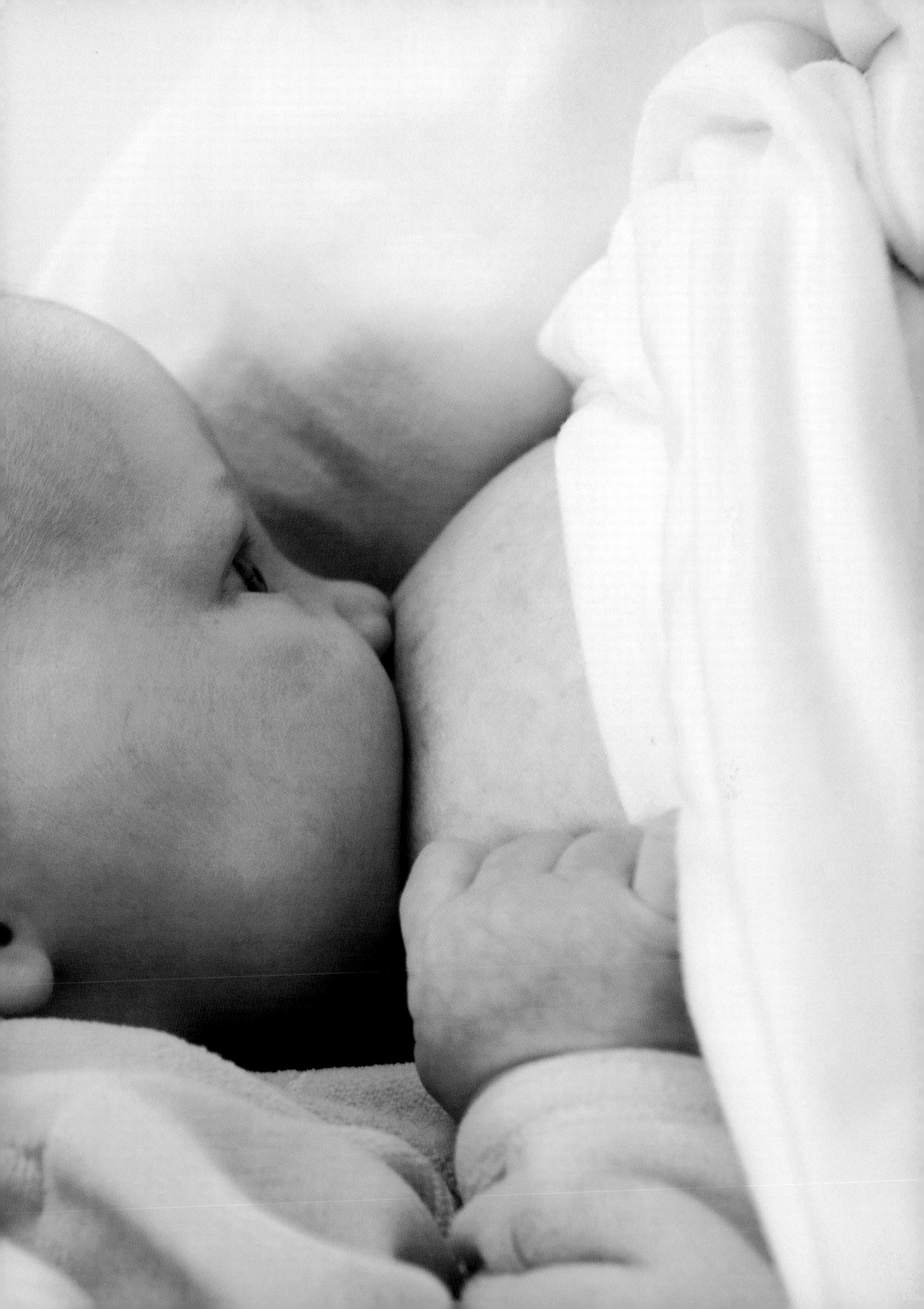

Las comidas, un momento de comunicación

La comida no es solo una cuestión de alimentación. No se trata simplemente de ingerir buenos alimentos, ya sea través del seno materno o del biberón que le da el padre, sino que también es una ocasión para alimentarse de los padres, de su presencia, de sus miradas.

Cara a cara

Cuando el bebé está mamando (o tomando el biberón), la distancia entre sus ojos y los de su madre es de unos 30 cm, una distancia en la que la visión del bebé es más clara, de manera que en estas condiciones es cuando ve mejor. Así, no solo se alimenta de la leche, sino también del contacto con la madre.

UN PEQUEÑO CONSEJO

Si la comida no resulta tan satisfactoria no es ningún drama, aunque de esta manera es más agradable, al mismo tiempo que es importante para el desarrollo del niño.

Nos comunicamos a través de todos los sentidos: del tacto, del olfato, de la palabra, etc. Todo ello estimula al niño, lo que actualmente es el objetivo de todos los padres. Asimismo, de este modo se consigue que los niños sean más despiertos. Todo sin hacer nada, simplemente estando presentes y atentos.

De esta manera el bebé está en la posición ideal, ya que mira a su madre, que al mismo tiempo le está mirando a él.

Del mismo modo que nosotros preferimos una cena con velas con la persona amada, mirándonos a los ojos, a los bebés les encanta captar la mirada de su madre. A través de los ojos de la madre se transmite una serie de informaciones inconscientes que el bebé es capaz de percibir, gracias a los movimientos del globo ocular y a las tenues modificaciones de la pupila. El niño recibe un gran número de informaciones: «Estás comiendo bien, estoy orgullosa de ti», «Estoy preocupada» o «¡Ay, me haces daño!».

Nada de televisión

La televisión impide esta relación interpersonal, ya que nos capta como adultos, nos aleja de la interacción y nos distrae. Las imágenes captan tanto nuestra atención como la del bebé, cuya mirada se siente atraída por lo que se mueve y hace ruido, que al mismo tiempo le distrae.

En algunas ocasiones, al niño que toma biberón se le coloca frente a la televisión, en su hamaca, una actitud que resulta nociva, ya que no se puede producir el esencial intercambio durante la comida. El hecho de dejar que el bebé coma, mientras la madre hace otra cosa, hace patente que la comida ha dejado de constituir un momento agradable de intercambio.

En brazos… y en ninguna otra parte

Esta posición favorece el cara a cara, así como el cuerpo con cuerpo, y quizá la piel con piel. El niño reconoce el olor de su madre, escucha su corazón, su voz y, de esa forma, refuerza su vínculo con ella y se siente protegido.

El cara a cara resulta ideal para la comunicación, pero se corre el riesgo de privar al niño del cuerpo con cuerpo, con el que particularmente se siente bien. En este cuerpo con cuerpo se desarrolla una relación muy intensa. La madre siente la fragilidad de su hijo y el recién nacido se siente seguro al estar con su madre. En las primeras etapas resulta bastante impresionante ver hasta qué punto el recién nacido, en brazos de su padre o de su madre, pasa de un estado de tensión debido al hambre a un estado de tranquilidad durante la ingesta, para quedarse por último totalmente satisfecho, saciado y finalmente dormirse. Poder satisfacer al bebé hasta ese punto resulta algo particularmente importante para los padres.

Asimismo, resulta extremadamente importante para el niño sentirse acurrucado, ya que para él se trata de una posición tranquilizadora. Hasta ese momento, el niño ha pasado su vida en el vientre de su madre, acurrucado, y le gusta volver a sentir esta sensación.

Además, el aroma de la madre recuerda al niño el olor intrauterino, lo que contribuye a tranquilizarle.

Cómo levantarlo y tenerlo en brazos

En principio, actualmente los niños duermen boca arriba. Es cierto que los padres, en un primer momento, pueden tener cierta dificultad para sostener al bebé porque tienen miedo a lastimarlo cuando lo cogen.

Cómo levantarlo

Una buena opción es coger al bebé por su ropa con firmeza, levantarlo ligeramente y pasar el brazo por debajo. En general, los padres no se atreven a hacerlo así. El problema es que tienden a equivocarse porque quieren deslizar las manos bajo su cabeza, bajo sus brazos y bajo sus nalgas al mismo tiempo. Ser dos para levantar a un bebé de 3 kg es comprensible, pero inútil.

Es suficiente, por ejemplo, con levantarle los pies, deslizar la mano derecha (los que sean diestros) bajo las nalgas y la espalda y alzarle los hombros para poder colocar la mano izquierda bajo la cabeza. Simplemente se trata de una opción.

También se puede levantar al bebé por las axilas, sin ningún temor. La cabeza no se va a caer porque tiene los músculos suficientes para sostenerse, aunque no pueda permanecer erguida. Se inclina, pero el bebé no se lastima. Si el niño está boca abajo, desliza la mano entre sus muslos hasta el vientre y levántale, apoyando su cabeza en el antebrazo.

SABER +

No es casualidad que los bebés duerman con la cabeza en el borde de la cuna, ya que les gusta acurrucarse en un rincón y no dormir en el centro del colchón, perdidos. Sienten la necesidad imperiosa –y no un deseo sin fundamento– de sentir los límites de su cuerpo y, por tanto, los límites de su vida.

La mejor postura para favorecer el eructo del bebé es apoyarlo sobre el pecho con la cabeza en el hombro.

Cómo tenerlo en brazos

Lo más sencillo para tenerlo en brazos es que el bebé esté tumbado sobre el antebrazo, con la cabeza en el pliegue del codo, y sujetarlo por un muslo para que no se balancee. Si está mamando del pecho izquierdo, se le sujeta con el brazo izquierdo, y a la inversa si está mamando del pecho derecho. A menudo, al nacer, los bebés tienen la cabeza asimétrica debido a la posición en la que se encontraban en el vientre materno. Si su cabeza estaba apoyada en el lado derecho, durante cierto tiempo permanecerá ligeramente deformada. Para que se corrija hay que levantar el lado derecho; se le debe colocar en el brazo derecho para que gire la cabeza hacia la izquierda.

Asimismo, el bebé puede nacer con una pequeña tortícolis hacia la derecha a causa de su posición intrauterina. Para estirar los músculos retraídos, se le debe alimentar con la cabeza girada hacia la izquierda (o a la derecha si el problema afecta a los músculos del lado izquierdo). Para ver los ojos de la persona que lo alimenta, el niño estirará la cabeza hacia la izquierda y distenderá los músculos del lado derecho.

LOS PADRES PREGUNTAN

¿Hay que seguir teniendo al niño en brazos después de la toma?

Por supuesto. Básicamente porque duerme, saciado y tranquilo, y porque uno mismo también permanece tranquilamente satisfecho. Los padres tienen derecho a aprovechar este momento de reposo.

Pero tampoco están obligados a seguir teniéndole en brazos. Una vez se duerma, pueden ponerle en la cuna sin problemas. En los primeros meses, el bebé se duerme en sus brazos y no se despierta cuando le tumban en la cuna. Más tarde, en el segundo trimestre, puede que no quiera que le dejen en la cuna y se despierte en cuanto deje de estar en brazos. En este caso, la única solución es volver a cogerlo.

¿Hay que esperar a que haya eructado para acostarle?

No existe ningún tipo de peligro si se duerme sin haber eructado. Por tanto, no es obligatorio hacerle eructar antes de que se acueste, aunque si lo hace seguramente dormirá más tranquilo.

No obstante, el aire que se encuentra en su estómago puede molestarle, motivo por el cual puede sentirse incómodo, molesto e incluso tener dificultades para dormirse. Esperar a que eructe, por tanto, no resulta absurdo, teniendo en cuenta que los bebés tienen que expulsar más aire cuando se alimentan con biberón que cuando maman.

Para que eructe, puedes ponerle sobre tu tórax, con la cabeza en el hombro y variar la inclinación del cuerpo del bebé, y por tanto del tuyo, para que la bolsa de aire que tiene en el estómago encuentre la dirección de salida. También puedes darle palmadas delicadamente en la espalda para desplazar la bolsa de aire. En el momento de salir, en general suele llevar consigo un poco de leche, algo que resulta completamente normal.

Para saber si queda un poco de aire, se puede golpear el vientre del niño con una ligera palmada, en un lugar preciso situado bajo las costillas, a la izquierda. Si el ruido es como el se produce con una palmada en el muslo, es que ya no queda aire; si suena hueco, como en la mejilla, indica todo lo contrario. Si no suena hueco no vale la pena esperar, porque el bebé no va a eructar; si ocurre lo contrario, quizá todavía tenga aire.

A pesar de que aún quede aire puedes acostar al niño, ya que lo único que puede ocurrir es que se despierte una hora más tarde porque se encuentra incómodo. Entonces eructará rápidamente y, ya tranquilo, volverá a dormirse. Por tanto, la situación no entraña ningún peligro. En cambio, entre el segundo y el tercer mes, aunque el niño haya eructado, puede encontrarse incómodo.

Lo que más tranquiliza al bebé cuando comienza a llorar es colocarle boca abajo sobre el antebrazo de su madre o de su padre, con la cabeza vuelta hacia fuera en el hueco del codo, el vientre ligeramente separado para que no permanezca demasiado comprimido, y la mano entre sus muslos. Podemos pasearle así durante horas. Esta posición permite al padre o a la madre tener una mano libre para hacer con calma lo que desee, al mismo tiempo que facilita el hecho de que el bebé esté cómodo y se tranquilice.

Lactancia: manual de uso

Actualmente, las niñas apenas ven a mujeres amamantando a sus bebés. Cuando se convierten en jóvenes mamás no cuentan con ningún ejemplo, lo que hace que el aprendizaje de esta técnica ya no resulte un conocimiento natural.

Dar el pecho

Dar el pecho a un bebé consiste en colocárselo en la boca para que abarque con ella no solo el pezón, sino también el extremo del pecho. El niño debe abarcar bien la areola y el pezón. Se trata de una técnica que precisa un aprendizaje, facilitado por las comadronas.

¿Cómo hay que colocarse para que el bebé también esté cómodo?

Las comadronas a menudo recomiendan colocar al bebé de cara a la madre, en vertical. No obstante, a mí me parece más cómoda y sencilla la misma posición que se utiliza para dar el biberón al bebé, con la espalda del niño en el antebrazo, la mano bajo sus nalgas, su cabeza en el hueco del codo y mirando a la madre. En esta posición hay que vigilar que la nariz permanezca despejada, que no esté obstruida por la piel del seno. Para ello, con la mano libre se puede hacer que la nariz permanezca despejada, simplemente desplazando el seno ligeramente hacia arriba.

LOS PADRES PREGUNTAN

¿Hay que preparar los senos antes del parto?

En mi opinión resulta ideal, ya que la piel del pezón es extremadamente frágil y sensible, y cuando se pone al bebé en el seno por primera vez chupa con tanta fuerza que puede lastimar e incluso a veces resultar doloroso. Es mejor prever y preparar el pezón para que la piel no esté hipersensible.

Para ello, se puede preparar el pezón. En el norte de África, se masajea con aceite, del mismo modo que se trabaja el cuscús, durante los meses que preceden al parto para que la piel esté menos sensible cuando se produzca el nacimiento. En Marruecos, las mujeres se masajean con alcohol con glicerina.

Esta preparación resulta igualmente importante si se reside en el norte de Europa o si se tiene el cabello rubio o pelirrojo. Las mujeres africanas sienten menos dolor en los senos que las suecas, simplemente porque su piel, más oscura, es más fuerte. Resulta, pues, importante prepararse para ello, pero no de una forma demasiado activa, ya que estimular el pezón favorece la segregación de oxitocina, que puede aumentar las contracciones. Por tanto, esta técnica no debe aplicarse si existe el riesgo de un parto prematuro.

Durante los primeros días, algunas mujeres no segregan la suficiente leche y otras, en cambio, producen demasiada. Se debe, pues, ayudar a las mamás a colocar al bebé en el seno, puesto que no siempre resulta fácil.

¿Cuánto tiempo debe mamar?

En lo que respecta al bebé, puede mamar cuanto desee; no obstante, para la madre, el hecho de que el pequeño permanezca agarrado a su pezón durante una hora puede resultar muy doloroso. Es importante protegerse los pezones y no permitir que el bebé mame durante demasiado tiempo. Por este motivo, el bebé solo debe coger el pezón única y exclusivamente cuando mama. Luego, si simplemente desea succionar por placer, se le puede ofrecer el dedo meñique, con la uña contra la lengua para no herirle el paladar.

Si quieres comprender la fuerza de succión del bebé, simplemente introduce el dedo meñique en su boca y el bebé succionará con fuerza. Así pues, es lógico que mame con vigor y que pueda incluso lastimar.

Una forma de evitar las grietas consiste en proteger el pezón y limpiarlo con la misma leche o con agua, teniendo cuidado de secarlo bien

La proporción que se utiliza para preparar un biberón es una medida rasa de polvo por cada 30 ml de agua.

después. Si aun así aparecen grietas, se puede aliviar el seno durante unas horas o un día o dos, amamantando al bebé con el otro seno o utilizando un pezón de silicona. También se puede alimentar al bebé con biberones durante varios días, mientras los pezones sanan.

SABER +

Mientras el bebé mama durante veinte minutos, lo esencial de la deglución tiene lugar durante los cinco primeros minutos para ir disminuyendo progresivamente. Más tarde, el bebé saborea, como si se tratara de un postre. Este auténtico placer no es, pues, indispensable en un primer momento si pone en peligro los pezones. Únicamente se precisa unos días, el tiempo necesario para que los senos estén menos sensibles, más duros. No se trata de prohibir nada al bebé.

La lactancia con biberón

El biberón adecuado

Aunque existen numerosos tipos de biberones, los bebés no tienen preferencias. El rechazo del biberón no implica que no les guste, sino que no se sienten cómodos con la técnica. Para ellos, el biberón no es comida y no lo aceptan, excepto si ya lo han utilizado con anterioridad.

Así pues, únicamente se trata de una cuestión de comodidad para los padres, de control de la situación.

UN PEQUEÑO CONSEJO

Aunque te sientas tentada, no renuncies inmediatamente a dar el pecho al bebé.

En primer lugar, al succionar el pezón, el bebé eleva la tasa de oxitocina, lo que provoca contracciones en el útero y, por tanto, ayuda a su limpieza, al mismo tiempo que permite que la recuperación después del parto resulte más fácil. Además, aumenta la prolactina, que estimula la secreción de leche, lo que significa que cuanto más mama el niño, más leche tiene la madre.

Existen biberones de vidrio y de plástico. Aunque en un primer momento el material no es importante, más tarde, cuando el bebé lo sostiene solo, el vidrio puede resultar más peligroso, ya que es más pesado y frágil.

La tetina adecuada

Respecto a las tetinas, cabe destacar que pueden ser de caucho, de silicona, fisiológicas, etc. Algunos bebés sienten predilección por un tipo, mientras que a otros les gusta otro. Hay que encontrar la más adecuada para el bebé en función de la forma y el material.

Asimismo, es necesario hallar la abertura adecuada para la cantidad correcta. Así, cuando el biberón se coloca boca abajo, el contenido debe verterse gota a gota.

Si se utiliza una tetina con tres velocidades, se debe empezar por el 1, situado encima del eje de la nariz (se tiene que prestar atención, ya que si se encuentra ligeramente separado, puede corresponder a la cifra inversa, el 3).

Si la velocidad es demasiado lenta, el bebé se cansará; en este caso, hay que situar la tetina en el 2. Si es demasiado rápida, el bebé puede atragantarse; en este caso, hay que cerrar la salida. Sin embargo, si está demasiado sujeta, el aire no penetrará en el biberón y la tetina se aplanará. Si no está lo bastant e sujeta, la leche caerá con demasiada rapidez y el bebé se puede atragantar. Lo importante es buscar un equilibrio.

Cuidado con el microondas

El peligro no reside en la modificación de los alimentos, sino, por el contrario, en la distribución del calor. En un biberón calentado en el microondas, la parte superior puede estar fría y, el resto, hirviendo. Evidentemente no se prohíbe utilizar el microondas, pero el biberón se debe agitar con fuerza y comprobar que la leche esté tibia.

LOS PADRES PREGUNTAN

¿Y la cuchara?

La cuchara se utilizará más tarde; no se debe tener prisa. Por el momento, el niño la chupará como si se tratara de una tetina, ya que todavía no ha adaptado la técnica de deglución. En general, adquirirá esta habilidad en el segundo semestre, a los 6 meses, y aún entonces este utensilio no es indispensable. Antes de utilizar la cuchara para dar de comer al bebé, este tendrá que aprender a deglutir de otra forma.

Es inútil adquirir una docena de biberones: si se lavan regularmente, con dos o tres es suficiente.

De la misma manera que la leche fría, recién sacada del frigorífico, no le gusta al bebé, tampoco quiere un biberón demasiado caliente, que, por otro lado, es peligroso. Después de calentar el biberón hay que asegurarse de que la leche esté tibia, a la temperatura ambiente.

Limpieza y transporte del biberón

Es necesario limpiar el biberón lo antes posible después de la ingesta y no permitir que la leche permanezca estancada en el biberón durante demasiado tiempo, ya que constituye un excelente medio de cultivo en el que las bacterias se desarrollan rápidamente. Inmediatamente después de la ingesta, se debe desechar la leche sobrante y enjuagar el biberón con agua del grifo. Si es posible, hay que limpiarlo en ese momento o (sobre todo por la noche) dejarlo en remojo en agua limpia y limpiarlo en las horas siguientes.

No es necesario esterilizar los biberones: es suficiente con una buena limpieza inmediatamente después de su uso.

UN PEQUEÑO CONSEJO

Es imprescindible comprobar la temperatura del biberón (hay que hacerlo gotear sobre la cara interior de muñeca), después de haberlo agitado bien. También se puede probar la leche, aunque algunas personas afirman que no es higiénico. No es necesario que la leche esté muy caliente, dependerá del gusto del bebé.

La esterilización

Por una parte, hay que saber que la esterilización es ilusoria, ya que nunca se consigue tener un biberón realmente estéril. Además, aunque se pudiera

LOS PADRES PREGUNTAN

¿Cómo se debe limpiar el biberón?

En primer lugar, hay que desmontarlo totalmente y limpiar cada parte, una a una:

- Frota la tetina con las manos bajo el grifo, primero por fuera y luego dentro, después de darle la vuelta.
- En cuanto al frasco, utiliza una escobilla que permita frotar su interior para que no queden restos de leche. La escobilla también se debe utilizar para frotar por donde ha pasado la leche, y la tapa.

Esta operación se debe realizar meticulosamente.

Aunque se puede utilizar lavavajillas, no es indispensable, simplemente es suficiente con enjuagarlo con agua. El enjuague debe ser más meticuloso si se utiliza jabón. Después, los diferentes componentes se deben dejar secar boca abajo.

También se puede preparar el siguiente biberón llenándolo con el agua necesaria sin añadir todavía la leche en polvo y dejarlo a temperatura ambiente bien cerrado. Unas horas más tarde, cuando el bebé tenga hambre, solo se tendrá que añadir la leche en polvo y, en unos segundos, el biberón estará listo.

También se puede introducir el frasco en el lavavajillas, pero para ello se precisan muchos biberones. De hecho, es suficiente con tener dos o tres biberones y lavarlos de vez en cuando en el lavavajillas.

¿Cómo hay que transportar el biberón?

Es preferible transportar el biberón sin leche que con ella ya preparada en un termo. Se puede transportar durante horas un biberón de agua caliente, ya que no se estropea, y añadir la leche en polvo cuando el niño tenga hambre. Simplemente es suficiente con preparar la cantidad de polvo necesaria con un dosificador adecuado.

En cuanto a la sopa, puede transportarse tibia, aunque es más fácil llevar un potito. Así, cuando te detengas para comerte un bocadillo en una cafetería de carretera, puedes coger un potito.

esterilizar completamente no resultaría útil. En cualquier caso, el agua y la leche que se van a añadir al biberón no son estériles y no es necesario que el bebé ingiera alimentos estériles. Es preferible una buena limpieza antes que tranquilizarse con una falsa esterilización.

No es necesario ocupar espacio con un esterilizador; si un día se necesita, se puede poner a hervir el biberón y las tetinas en una cacerola grande con agua durante veinte minutos para esterilizarlos, o bien utilizar un adaptador para el microondas.

La esterilización está justificada en algunos casos concretos:

- cuando el biberón se acaba de comprar;
- cuando el biberón utilizado no se ha limpiado inmediatamente después de la ingesta;
- cuando las condiciones de higiene del momento no son satisfactorias.

Cuando el bebé crece

Cien días después del nacimiento, el bebé ya no tiene hambre por la noche; de repente, duerme. Pronto podrás empezar a darle de comer otra cosa además de leche. Es el momento de pensar en la cuchara, ya que el bebé deberá comer con este utensilio.

El bebé todavía es poco hábil

Cuando el bebé es muy pequeño solo sabe mamar. Hasta que tiene prácticamente 6 meses, su alimentación únicamente procede del pecho o del biberón. Más tarde, cuando coma verduras o carne, lo hará con una cuchara, aunque hay que tener en cuenta que solo se trata de un utensilio más entre otros, puesto que los mismos alimentos, totalmente triturados hasta que se transforman en un líquido, los puede tomar con el biberón.

Luego serán sus manos las que le permitirán pasar a los trozos. Gracias a ellas, el bebé descubrirá que puede comer solo y le gustará comer de otra manera una comida totalmente diferente.

UN PEQUEÑO CONSEJO

Es bastante frecuente que los niños se caigan de la silla o la hagan caer al apoyarse en la mesa con los pies y balancearse hacia atrás. Es, pues, importante no alejarse de la mesa cuando el niño está aún en la silla y apoyar la parte trasera en una pared para que no pueda hacerla caer.

En la mesa con sus padres…

A menudo, los padres desean aprovechar la hora de la comida para estar a solas sin su hijo. Si es vuestro caso, dadle de comer antes que vosotros. Hasta que tenga un año es posible.
Sin embargo, a partir de finales del primer año, el bebé se cansará de esta situación. Ya no querrá comer solo, sino intervenir en la comida familiar.
En muchas ocasiones, si no se le integra en la comida, suele negarse a comer. En cuanto os sentéis en la mesa, si el bebé sigue estando en su sillita alta a vuestro lado, se precipitará para coger del plato las cosas apasionantes que coméis.

Si vuestro hijo se niega a comer, no significa que sea anoréxico. Quizá simplemente se aburra en la mesa y quiera comer con vosotros. Una actitud inadecuada puede conducir a menudo a trastornos e inquietudes injustificadas.

... Y toda la familia

Este deseo de comer en la mesa puede tener lugar antes si el bebé tiene hermanos y hermanas mayores. A menudo, cuando no es hijo único, el resto de familia no suele esperar a que el bebé esté acostado para sentarse en la mesa y, a partir de los 6 meses, cogerá una patata frita para comer como su hermano o su hermana. El niño está fascinado: como los mayores comen eso, él también lo quiere. Evidentemente, es necesario que la comida familiar sea lo bastante sana para que el bebé pueda

Las tronas, como cualquier mobiliario para el bebé, deben cumplir unas normas de seguridad y estar homologadas.

comerla; en ese momento preferirá dejar de comer solo en su rincón para ocupar su lugar en la familia.

La trona adecuada

El bebé se sostiene sentado y puede integrarse en la mesa familiar en una trona, pero precisamente por ser alta debe ser estable.

Evidentemente, es necesario adquirir una trona homologada cuya marca esté perfectamente identificada y con los requisitos de seguridad pertinentes.

Existen asientos que se cuelgan directamente de la mesa. No obstante, estos asientos requieren disponer de un plato que se adhiera a ella para que el niño no lo vuelque de manera involuntaria. En los comercios se pueden encontrar platos con ventosas.

Asimismo, el niño puede sentarse en una silla alta junto a la mesa. Una bandeja de plástico y lavable también puede utilizarse como si se tratara de un plato, lo que evitará que la comida se vuelque a menudo. La bandeja se puede lavar directamente en el lavavajillas. Es una técnica muy práctica.

Esta silla también puede ser plegable o convertible en silla baja. En este caso, es necesario comprobar siempre el cierre de seguridad entre las dos partes de la silla cuando se utilice en la posición alta.

La correa que se coloca entre las piernas, que es indispensable, debe utilizarse sistemáticamente para que el niño no se deslice, lo mismo que el arnés, ya que al niño le encanta ponerse de pie en la silla.

De la cocina al comedor

Es evidente que a la edad en la que el niño empieza a aprender a comer con las manos o con una cuchara no se le puede enseñar a comer con corrección.

Durante algún tiempo hay que aceptar que el niño se ensucie mientras come. Tampoco es el momento de darle de comer en el salón, sobre la alfombra persa. Lo ideal es que coma en la cocina, con sus padres, o, si el tiempo lo permite, en el jardín, lo que facilita la limpieza.

Cuando el niño vea lo que coméis con cuchillo y tenedor, se sentirá tentado de imitaros y de comer con una cuchara. Pero su mano todavía no tiene la flexibilidad necesaria para llevarse la cuchara a la boca. En este caso, podéis disponer de dos cucharas: una para él y otra para vosotros. Así, mientras prueba y aprende, le podéis dar de comer. A menudo, el hecho de que los padres quieran que el niño coma correctamente con cuchillo y tenedor, imposibilita que aprendan y que, por tanto, ni él ni vosotros disfrutéis del momento. ¡Todo llegará!

UN PEQUEÑO CONSEJO

¡No debe tener ningún cuchillo a su alcance!

Por supuesto, aunque el niño se sienta tentado de imitar a sus padres o a sus hermanos, nunca hay darle un cuchillo para cortar la carne. En la mesa, con sus padres, debe tener los cubiertos adecuados: una cuchara y un tenedor (no demasiado pronto); en cambio, el cuchillo deberá dejarse para más tarde.

Sobre todo, tened cuidado de que nunca encuentre un cuchillo a su alcance.

LOS PADRES PREGUNTAN

¿Es muy complicado el paso del biberón a la cuchara?

Hay que tener en cuenta que cada bebé es diferente y que la utilización de la cuchara es una experiencia más que, tanto él como vosotros, deberéis asimilar. Puedes utilizar cucharas de plástico o de silicona de colores vivos que atraerán la atención del bebé; algunas tienen una punta más blanda que evitan los posibles daños en las encías del bebé. Introduce el uso de la cuchara poco a poco; los primeros días puedes, una vez haya comido, dejarle probar un poco de leche en la cuchara para que vaya habituándose.

Cómo conseguir que la cocina sea un lugar seguro

La cocina es un lugar prohibido, excepto si el padre o la madre están con el niño. No obstante, tened en cuenta que, un día u otro, por muchas precauciones que toméis, entrará en ella en vuestra ausencia.

Es, pues, necesario conseguir que la cocina sea un lugar lo más seguro posible antes de que nazca el niño. Os aconsejo que reviséis bien el lugar donde vais a instalaros con vuestro hijo para eliminar todo lo que pueda ser peligroso tanto en ese instante como en los años venideros. Observad con una nueva mirada todo lo que hay en ella y que utilizabais hasta ese momento casi de manera automática, teniendo en cuenta su peligro potencial.

La puerta de la cocina debe estar siempre cerrada para limitar en la medida de lo posible el acceso a ella.

Peligro nº 1: las quemaduras

Con líquidos calientes

- En los utensilios para cocinar. Los mangos deben estar siempre en la parte interior y no sobrepasar la zona de trabajo. Cocinad siempre que sea posible en los fuegos del fondo.
- En la cafetera o el hervidor eléctrico. Enchufadlos, como todos los electrodomésticos, en un lugar alto para que el bebé no pueda coger el cable.
- En la taza o bol, que el niño puede verter tirando del mantel.

Con utensilios de cocción, la placa y el horno

No es necesario adquirir una placa de inducción, que resulta muy útil, pero es muy cara. Sin embargo, debéis desconfiar de las vitrocerámicas, ya que se mantienen calientes durante un buen rato. Si tenéis una cocina de gas, algunos modelos disponen de un sistema de bloqueo de seguridad para que ningún fuego pueda accionarse de forma accidental.

El horno debe colocarse en un lugar alto. Aunque quizá cuente con una puerta fría, es preferible enseñar al niño que puede quemarse con la puerta de un horno, con el de casa o el de la abuela, etc. Permitid que se acerque a ella cuando esté ligeramente caliente y que compruebe que resulta desagradable (sin que se queme, por supuesto). A partir de ese momento, sabrá que tiene que ir con cuidado.

Peligro nº 2: los tóxicos

Prácticamente todos los productos de limpieza (detergentes, lavavajillas, lejía, etc.) son tóxicos, incluso aunque se denominen biodegradables. Los productos tóxicos deben conservarse en las botellas de origen que sean seguras, ya que los niños no pueden abrirlas por sí solos. No los vertáis nunca en una botella vacía que antes haya contenido una bebida.

Cuando abráis un envase de lejía, verted el contenido en una botella especial (nunca en un vaso o en un bol), donde debe diluirse con un litro de agua como mínimo. El concentrado es muy peligroso y, en cambio, la solución apenas lo es.

A partir de ese momento, todos esos productos deberán colocarse en un lugar alto, a más de 1,50 m; deberán taparse y guardarse inmediatamente después de usarlos. Debéis pensar que ningún armario, incluso cerrado con llave, los mantiene definitivamente fuera del alcance de los niños.

En cuanto a la basura, aunque es sucia por definición, en raras ocasiones resulta tóxica. En cambio, las bolsas de plástico vacías deben mantenerse obligatoriamente lejos del alcance de los niños, ya que podrían jugar con ellas y ahogarse.

Peligro nº 3: los cubiertos

Los cuchillos y los tenedores deben hallarse fuera del alcance de los niños y no permanecer sobre la mesa ni la cocina, lo mismo que las cajas de cerillas. Podéis crear una barrera de protección que imposibilite el acceso a la zona de trabajo.

Peligro nº 4: las distracciones

Todo el mundo puede tener un momento de distracción. Permaneced atentos.

UN PEQUEÑO CONSEJO

Cuando penséis en algo, actuad sistemáticamente. No lo dejéis para más tarde. Si observáis que el asa de la cacerola sobresale ligeramente de la cocina, incluso aunque el pequeño no esté en ese momento allí, dejadlo todo y dadle la vuelta inmediatamente, porque puede llegar mucho antes de lo previsto.

ml - cc
260
180
160
140
120
100
80
60

Comer con libertad

El pequeño es libre de comer lo que quiera y cuanto quiera, siempre que su alimentación sea sana y equilibrada. Si los alimentos que le das son sanos, permite que coma lo que decida y cuando lo desee.

Cuando el bebé quiera

Durante toda su etapa como bebé, el pequeño va a poder comer tantas veces como quiera. En un principio, el recién nacido come con mayor frecuencia por la noche que durante el día y es ilusorio pensar que esto cambiará inmediatamente.

Deshazte del reloj

Los niños no comen nunca a un ritmo regular, lo que no justifica que no se compruebe con un reloj la duración de las comidas o el tiempo que transcurre entre ellas.

Pero tranquilizaros. Su ritmo, aunque es anárquico durante los tres primeros meses, se habituará al vuestro, no para complaceros, sino porque el bebé se adaptará a una pauta. Entonces comerá libremente por la mañana, al mediodía, a la hora de la merienda y por la noche. Habrá encontrado su propia libertad, su propio ritmo.

Tranquilizaros y no escuchéis a quienes os digan que acostumbráis mal al bebé, ya que la anarquía no durará toda la vida. Cesará de manera espontánea sin vuestra intervención antes de 100 días.

Cuando se habla de alimentación a voluntad o a demanda, no se trata de algo a medias, sino que quiere decir que el bebé debe comer cuando lo precise.

No hay que pensar que se debe alimentar al bebé con un reloj en la mano. Sin embargo, actualmente existe cierta tendencia a cronometrar las comidas de los pequeños. No obstante, desde los orígenes de la humanidad, los bebés nunca han comido de una forma cronometrada y, sin embargo, todos han dormido por las noches y han crecido. Es muy importante que las madres no se empeñen en querer alimentar a su hijo en función de la hora. No es cierto que las comidas de los niños deban espaciarse dos horas y media como mínimo y tres horas y media como máximo. El mínimo es de cinco minutos y el máximo de doce horas, o incluso más.

Así, no hay que alimentar al bebé en función del reloj, sino del momento en que tiene hambre. Hay que darle de comer cuando lo pide.

Las mujeres jóvenes de hoy en día pueden tener la impresión de que el hecho de controlar las tomas y

UN PEQUEÑO CONSEJO

No hay que despertar nunca a un bebé para darle de comer. Es cierto que resulta agotador alimentar al bebé por la noche, pero, en un primer momento, son los padres quienes deben adaptarse a su ritmo y dormir durante el día. Evidentemente, esto supone un esfuerzo, pero también somos capaces de hacerlo cuando viajamos al extranjero y tenemos que adaptarnos a la diferencia horaria. Por complacer al pequeño y mantener su equilibrio tenemos que adaptarnos a esta diferencia y aceptar seguir su ritmo durante algunas semanas.

el tiempo entre las comidas es algo que se ha hecho siempre. Efectivamente, esta moda (porque es una moda) data de la época de sus abuelas, lo que no les proporciona demasiados modelos. Cuando se aconseja que den de comer al bebé cuando lo pida, que le concedan libertad, ven en ello una moda de la década de 1970. Sin embargo, se trata exactamente de lo contrario, ya que es un retorno a los orígenes. El reloj de pulsera se inventó hacia 1930. Antes, todos los bebés de la Tierra se alimentaban en función de su apetito, y, sin embargo, todos dormían por la noche.

La noche y el día

Los fetos, por regla general, se despiertan con mayor frecuencia por la noche, cuando su madre duerme, que durante el día, cuando está activa. Las mujeres encinta lo saben perfectamente, porque sienten cómo su bebé se despierta y se agita en cuanto intentan dormir. Es evidente que todos los bebés no son iguales, pero la mayoría se despierta por la noche y duerme durante el día para protegerse de los movimientos de su madre.

Cuando nace, el bebé actúa, durante algún tiempo, del mismo modo que cuando estaba en el vientre de su madre: su ritmo es el mismo que antes y a menudo sigue despertándose por la noche. Contrariamente a lo que se cree, no confunde la noche con el día, sino que come cuando se despierta, y se despierta con mayor frecuencia por la noche. Son necesarias algunas semanas para pasar del ritmo de permanecer en el vientre de su madre a formar parte del mundo. Es un paso bastante caótico, pero que casi siempre tiene lugar antes de los 100 días, lo que permite que el bebé a partir de ese momento pueda comer al mismo ritmo que sus padres y que estos puedan dormir como antes.

Así pues, no está previsto que los recién nacidos coman durante el día y duerman por la noche, y esto forma parte de su libertad. Tanto con el biberón como con el seno, el único reloj importante

Cada niño tiene un ritmo de comida diferente, por lo que la duración de la comida puede variar considerablemente.

es el bebé. No le despiertes nunca para darle de comer; aliméntale cuando lo pida. Es igual que sea de día o de noche; olvídate de los horarios, ya que el bebé los ignora: un recién nacido puede permanecer doce horas sin comer, después de haber reclamado su toma cada hora la noche anterior. Y no se puede hacer nada; tanto si duerme de día como de noche, su ritmo de sueño es el mismo.

El bebé debe comer el tiempo que quiera, excepto durante los primeros días

Las tomas de los primeros días pueden limitarse para que los senos se acostumbren. No se trata de que el bebé esté mejor, sino de que los senos mejoren. Esto no implica limitar la duración de la toma del bebé, que puede comer tanto tiempo como quiera, sino de que la piel del pezón se acostumbre a la fuerza de la succión.

No apresures su ritmo ni lo ralentices.

SABER +

Algunos recién nacidos en cuanto llegan a casa después de salir del hospital comen cuatro veces al día y duermen por la noche, aunque suele ser realmente excepcional. Otros funcionan a la inversa, es decir, comen diez, doce o quince veces al día. A pesar de que para los padres es agotador, es algo que no se puede cambiar. La mayoría come entre cinco y diez veces al día, durante el día y la noche, antes de pasar, de manera natural, a cuatro tomas antes de 100 días.

UN PEQUEÑO CONSEJO

Resulta bastante habitual que deseéis modificar este ritmo, que no es el vuestro, pero el hecho de despertar al bebé a las once de la noche para evitar que se despierte a la una de la madrugada en raras ocasiones es una buena solución. El niño se tomará un biberón a las once de la noche, pero se despertará de nuevo a la una de la madrugada. No se aconseja este tipo de estrategias, puesto que además de no funcionar frustran a todo el mundo.

Algunos bebés hacen pausas y otros no

La duración de la toma de un bebé oscila entre diez minutos y tres horas, puesto que algunos bebés tienen mucho apetito y otros menos, aunque este hecho no permite saber cómo serán más tarde. Un bebé que tiene mucho apetito no tiene que ser necesariamente un niño obeso.

El recién nacido debe comer cuanto quiera

- Si no tiene hambre, no le obligues a comer.
- Si come mucho, no le reduzcas las tomas, puesto que cada persona tiene su propio ritmo.
- Si come menos o más que el día anterior, no te preocupes, ya que cada día implica un ritmo.

¿Cuántas tomas hay que darle al niño cada día?

En realidad, no existe una regla fija. Lo cierto es que el bebé se equilibrará por sí mismo, excepto si se lo impiden. Cuando un bebé tiene hambre, hay que darle de comer y, si tiene más apetito, se le debe alimentar de nuevo. Lo ideal es ofrecerle más y confiar en él, porque se detendrá cuando esté saciado.

En cambio, después de 3 o 4 meses, algunos bebés (ya bastante anclados a este mundo) se acuestan pronto (a las seis de la tarde) y se despiertan también pronto (a las cinco de la mañana), algo que es un ritmo bastante natural, aunque los padres urbanitas ya no están acostumbrados a ello. Aun así, los padres pueden ganar una hora o una hora y media, siempre que acepten ganarla progresivamente. En algunas ocasiones incluso se puede espaciar el último biberón un cuarto de hora por semana, lo que supondrá ganar una hora al mes.

LOS PADRES PREGUNTAN

¿Por qué llora el bebé?

Se trata de la mayor preocupación e inquietud de las madres primerizas. Resulta poco frecuente que un bebé llore realmente, ya que el llanto implica lágrimas, algo nada habitual en los bebés. En cambio, el bebé suele gritar. Grita para llamaros, porque es el único medio de que dispone para dar a conocer sus necesidades, que en un recién nacido son imperiosas: sigue teniendo hambre, le duele el vientre, está nervioso porque tiene demasiadas visitas, tiene frío, tiene calor, etc. Si se sumaran las horas de gritos, se tendría la impresión de que es su principal actividad... durante algunas horas del día. Pero es necesario puntualizar; esto significa unas veinte horas de tranquilidad durante las cuales, con su silencio, manifiesta que está bien.

SABER +

También se le puede dar un biberón de agua, que aceptará si tiene sed y rechazará si tiene hambre. De este modo y poco a poco se aprende a descifrar el lenguaje del bebé y su demanda, pero hay que tener siempre presente que si no pide nada es que no necesita nada.

Si el bebé tiene la costumbre de cenar a las seis de la tarde, puedes darle su toma a las seis y cuarto durante una semana. Se acostumbrará a este nuevo ritmo, que casi es el adecuado. A la semana siguiente se pasará a las seis y media y la otra, a las siete menos cuarto, y así progresivamente. ¡Hay que tener paciencia!

Cómo comprender su demanda

Lo cierto es que podemos estar seguros de una cosa, y es que cuando el bebé no pide nada es que no quiere nada. De manera que no os preocupéis si el bebé no solicita nada; no le deis nada.

El hambre es el motivo más frecuente del llanto de los bebés. Recordadlo. Unas horas después de nacer, el bebé está tranquilo, después de haberle calmado, lavado y vestido. Vosotros también debéis aprovechar ese momento de calma y de descanso bien merecido. Pero repentinamente se despertará y comenzará a llorar, ya que por primera vez tiene hambre, a pesar de que durante todo el tiempo que había permanecido en el útero materno había ignorado esta sensación, porque se alimentaba continuamente a través del cordón umbilical.

La mayor parte del tiempo, el bebé proclama con el silencio que no precisa nada. No se le debe dar nada y no se le debe despertar cuando no necesita comer.

En cambio, cuando pide algo, hay que intentar comprender lo que quiere. Evidentemente, puede tener hambre, pero también puede tener sed, o simplemente tener ganas de chupar por placer, para tranquilizarse. Evidentemente es más fácil

LA OPINIÓN DEL PSIQUIATRA

La única razón que puede justificar que los cuidadores despierten a un bebé recién nacido es durante los primeros días si corre el riesgo de sufrir hipoglucemia. En este caso, estamos obligados a no tener en cuenta el hambre del niño para evitar que permanezca en ayunas durante demasiado tiempo. Esta situación pertenece al ámbito de la medicina, y no tiene nada que ver con lo que pueda suceder más tarde. Las madres, que han visto cómo se ocupan de su bebé en los primeros días, pueden creer que esta es la actitud que se debe adoptar con el pequeño. Pero estos despertares obligados, estas comidas regulares, pertenecen el ámbito médico y no tienen nada que ver con la vida cotidiana. Una vez ha salido del hospital, el niño es capaz de despertarse cuando tiene hambre y de regular su apetito por sí mismo. De lo contrario, permanecerá hospitalizado. Pero si no es este el caso, deja que él te guíe.

Para saber si un niño tiene hambre, bastará con ofrecerle la punta del meñique para que succione. Si no se calma, deberemos alimentarle.

de saber con el biberón, porque se puede constatar lo que hace cuando lo coge con la boca: puede verse si solo chupa o si también se toma su contenido. Si la leche no desciende por el biberón, significa que el niño no come, pero, en cambio, disfruta chupando, que es una de las actividades preferidas de todos los mamíferos jóvenes. Si el niño toma el pecho, la madre puede tratar de saber si el bebé succiona, aunque no resulte demasiado sencillo. Sin embargo, existe una forma muy sencilla para saber si el niño tiene hambre, que, por otra parte, funciona tanto con el biberón como con el pecho. Simplemente se le debe ofrecer al bebé la punta del meñique extendido con la uña muy corta y contra la lengua para no lastimar su paladar. Si chupa el dedo y esto le satisface, el bebé callará, lo que indicará que no tenía hambre, sino que deseaba chupar. Permite que chupe el dedo el tiempo que quiera y no tengas miedo de que se acostumbre; antes de 100 días ya no cogerá tu dedo, sino su dedo pulgar, que le permitirá pasar las noches. En cambio, si prueba el dedo y comienza a gritar porque eso no le satisface, significa que desea tomar leche porque tiene hambre o agua porque siente sed.

Del mismo modo que los adultos, que con la boca beben agua, comen pan o chupan caramelos, el bebé puede querer tomar leche, beber agua o, como todas las crías del resto de mamíferos, chupar el pezón de su madre. Como ser humano, tiene la suerte de disponer de un pulgar cuando el seno materno no está disponible. Dejemos que lo disfrute; podrá utilizarlo solo de día y de noche si no se le impide interponiendo entre su boca y su pulgar un chupete. Sabrá rechazar su meñique y chupar su pulgar; por otro lado, debéis estar tranquilos, ya que no deformará su paladar a menos que se siga chupando el dedo después de los 6-7 años.

La cantidad que quiera

El bebé comerá a voluntad, mucho o muy poco, hasta que deje de tener hambre. Ni siquiera el pediatra es capaz de predecir cuánta hambre tendrá el bebé en una comida determinada. Se puede hacer una estadística para saber de cada cien bebés qué cantidad como media comen, pero cada bebé es diferente. No se debe intentar regular sus comidas, sino dejar que decida él libremente.

El bebé se alimenta de leche

¿Qué leche toma? La del seno (que no es la más fácil de conseguir, pero sí la más adecuada) o la del biberón. Tiene que alimentarse tanto de la una como de la otra a voluntad. Debe comer y beber hasta que deje de tener hambre y sed.

La leche del pecho

Como todos los mamíferos (desde el ratón a la ballena), la leche que ha dispuesto la naturaleza para los bebés humanos es la de los senos de sus madres, las mujeres. Y como la naturaleza se ha tomado su tiempo para ello, la composición de la leche materna es la que está mejor adaptada a los bebés que viven en la naturaleza (lo que no es exactamente nuestro caso).

- Lípidos: la leche es muy rica en grasas. Estas proporcionan al recién nacido alimentado del pecho materno la mitad de las calorías que necesita, lo que favorece un crecimiento rápido al principio de su vida.

La proporción de los ácidos grasos que componen esta leche está específicamente adaptada para que se desarrolle el cerebro.

- Proteínas: también en este caso, las proteínas de la leche de la mujer son las más adecuadas, tanto en cuanto a su digestibilidad como respecto al desarrollo, gracias al equilibrio adecuado de los aminoácidos.

Aunque las proteínas ingeridas por la madre pueden pasar a la leche, en muy pocas ocasiones son la causa de alergias en el niño.

- Glúcidos: el único azúcar que contiene la leche materna es la lactosa (*-osa:* azúcar; *lact-* de leche).

La leche del biberón

Las leches artificiales no son leches químicas de síntesis ni son nocivas; simplemente proceden de la actividad humana, de derivados de la leche de vaca.

SABER +

Actualmente, tres cuartas partes de la población de la Tierra viven en ciudades, lo que las aleja de la naturaleza. Las defensas que contiene la leche materna, aunque siguen siendo beneficiosas, ya no son vitales, a menos que la situación económica o higiénica hagan que la lactancia con biberón resulte aleatoria o peligrosa (como ocurre en la mayoría de los países subdesarrollados).

Sus características tienen la capacidad de adaptarse a las necesidades de los bebés. Adaptadas y muy controladas, la diferencia entre su composición y la de su modelo, la leche materna, se ha reducido considerablemente en las últimas décadas. Pero aunque estas leches no pueden pretender ser idénticas a ella, la salud de los bebés alimentados con biberón en España es actualmente tan buena como la de los bebés que toman el pecho.

Las leches en polvo se fabrican a partir de leche de vaca, incluidas las que están destinadas a los bebés que no toleran las proteínas de esta leche.

El equilibrio entre los diferentes componentes (proteínas, glúcidos y lípidos) está especialmente estudiado para las necesidades de los recién nacidos hasta los 6 meses. Asimismo, se ha adaptado totalmente a la capacidad de su aparato digestivo.

Estas leches solo pueden comercializarse si cumplen fielmente unas directrices europeas.

- La leche de vaca es demasiado salada; así pues, en primer lugar, se retira la sal.
- Lípidos: después de eliminar totalmente la grasa, esta se sustituye en un 100 % por grasas vegetales, como el aceite de colza.

SABER +

Actualmente se comercializa un gran número de leches, todas ellas prácticamente idénticas. Las ventajas de cada una de ellas resultan difíciles de cuantificar. El pediatra le aconsejará cuáles son las más adecuadas.

- Proteínas: salvo excepciones, la relación caseína/proteína solubles es superior a 1, lo que permite saciar y ser de fácil digestión.
- Glúcidos: la mayor parte es lactosa y el resto dextrina de malta.
- La vitamina K es la adecuada y, además, este tipo de leches están ligeramente enriquecidas con vitamina D. Sin embargo, representa menos de 500 unidades por litro, lo que supondría que un bebé para no tener que tomar aportes precisaría un mínimo de 2 litros diarios.

El bebé puede no tener sed, pero es imposible que no le guste el agua. A todos los seres vivos les gusta el agua. El agua es vida.

El bebé toma agua

La bebida para saciar la sed es el agua. Puesto que resulta difícil saber si el bebé tiene, debes permitir que beba a menudo, tanto si hace calor como si no, tanto si le das el pecho como si toma biberón. Como los bebés ingieren líquido, tienen menos sed que nosotros; sin embargo, no hay que esperar al atardecer para darles de beber. No se trata de que el niño beba a la fuerza. Aunque no hay que obligarlo, tiene que beber a menudo, ya que el agua es necesaria para él.

El biberón de agua no hará que el niño deje de alimentarse con leche, tanto del seno como del biberón, sino que le permitirá diferenciar lo que come (la leche) de lo que bebe (el agua). No es cierto que la lactancia materna se ponga en peligro cuando se ofrece un biberón de agua; dáselo sin temor.

El agua del grifo

Los bebés, al igual que los niños y los adultos, deben beber agua potable. Con el pretexto de que es un bebé no es necesario comprar agua embotellada, sino todo lo contrario. El agua del grifo, en general, suele ser más sana que el agua embotellada. Se controla varias veces al día, mientras que el agua embotellada solo se controla al principio, y la botella puede permanecer en una estantería durante meses. Así pues, al bebé se le puede dar de beber agua del grifo y preparar con ella los biberones.

Una última precaución: el agua estancada no es potable; por tanto, el agua caliente conservada en un recipiente no resulta adecuada para beber. Solo es potable el agua corriente, siempre que se deje que fluya unos segundos antes de recogerla, para eliminar cualquier riesgo relacionado con posibles restos de plomo.

El agua embotellada

Si, a pesar de todo, quieres utilizar agua embotellada, escoge una sin una excesiva concentración de minerales. Las aguas que puede tomar un bebé llevan una indicación específica. Algunas aguas

UN PEQUEÑO CONSEJO

Siempre aconsejo preparar más leche de la que va a tomar el bebé, sin tener en cuenta ni su peso ni su edad, puesto que lo más importante es su apetito.

Se debe preparar la suficiente cantidad de leche para que sobre. La cantidad adecuada no es la que aparece indicada en el bote, sino la que permite que al bebé le sobre leche en el biberón después de la toma. Se debe, pues, preparar más cantidad de la que toma y no insistir para que se acabe el biberón. Después de cada toma, evidentemente hay que desechar leche, pero esto demostrará que el niño tenía la suficiente cantidad.

minerales terapéuticas son desequilibradas para el bebé, e incluso pueden resultar nocivas.

El bebé tan solo toma agua natural: ni aguas aromatizadas, que están edulcoradas y eliminan su sabor natural, ni sodas o zumos de fruta industriales. En primer lugar, son mucho más caras que el agua del grifo y no constituyen en absoluto un regalo para el bebé, sino que, por el contrario, resultan muy nocivas para su equilibrio alimentario. Un agua edulcorada puede contener de 50 a 150 g de azúcar por litro. Evidentemente, no debe tomar alcohol, café o té.

Tanto mejor si no sabes cuánto ha comido el bebé

La pregunta que con mayor frecuencia se hacen las madres con ansiedad es saber si el bebé ingiere la cantidad de alimento suficiente. El problema es que las madres que amamantan a su bebé no saben qué cantidad de leche toma y, por tanto, se inquietan. Y creen que si le dan el biberón tienen la posibilidad de saber exactamente lo que ha ingerido. Sin embargo, lo que no saben las mujeres que amamantan a su hijo es que las madres que dan el biberón las envidian, porque siempre temen que coma demasiado o muy poco.

Tanto si le das el pecho como el biberón, el bebé es el único que sabe lo que necesita, y no los médicos ni las madres. Si no tiene más hambre después de haber comido 3 g, no supone ningún problema; en cambio, si quiere 300 g, aunque sea muy pequeño, el hecho de no dárselos supondría dejarle con hambre.

Lo ideal sería usar biberones que no fueran transparentes y graduados, sino de gran tamaño y opacos. Sería suficiente con llenarlos y, al final de la toma, desechar lo que queda sin mirar. Y si no queda nada, la próxima vez se tendrá que hacer un biberón más abundante para estar seguros de que habrá suficiente. Hay que tener confianza en el niño. Podéis estar seguros de que los bebés no comen más de lo que necesitan, a menos que se haya esperado demasiado tiempo.

SABER +

Ningún agua, tanto si es del grifo como embotellada, es estéril. Por tanto, resulta totalmente inútil hervirla, porque es adecuada para beber. A pesar de que se pueda creer que el agua del grifo no resulta sana (en parte por el sabor desagradable debido al cloro que se añade), no es así. Actualmente, el agua del grifo en España está controlada y no existe ningún tipo de riesgo en consumirla. No obstante, podéis informaros acerca de su composición en minerales o en flúor. Además, en el caso de existir algún problema debido a la escasez o a una avería, inmediatamente se pone en conocimiento de los ciudadanos.

Ninguna dieta si no existe una patología real

No hay que poner a dieta a un niño, excepto si existe una patología real o situaciones realmente peligrosas. En los primeros días de vida de un bebé, tanto si es muy pequeño (1,5 o 2 kg), o muy robusto (4 o 5 kg), como es un recién nacido, corre el riesgo potencial de sufrir hipoglucemia, de manera que no se debe dar prioridad a su sensación de hambre, sino que por el contrario hay que despertarle para obligarle a comer con el fin de alimentarlo. De hecho, se trata de una situación médica muy concreta, que debe suspenderse en cuanto se vuelva a casa. En cuanto a los pediatras que prescriben una dieta para los bebés de pocos días para que no engorden demasiado, no solo es absurdo, sino también peligroso, ya que

LOS PADRES PREGUNTAN

¿Cómo hay que preparar un biberón?

Para preparar la leche, la proporción siempre es la misma: una medida rasa de polvo por 30 ml de agua. En primer lugar, prepara el agua en cantidades múltiplos de 30 ml (por ejemplo, 150 ml). Añade luego el polvo; en este caso, 5 medidas. El volumen de la mezcla será de unos 170 ml. Dosifica correctamente el polvo. Si las dosis son bajas, se corre el riesgo de que el bebé no esté bien alimentado. Cuando el polvo se dosifica en exceso porque la madre tiene prisa por ver crecer (o dormir) a su hijo, la leche aporta demasiadas proteínas, hecho que puede provocar fiebres altas.

También existen leches líquidas. Se comercializan en envases, ya preparadas para ser usadas y resultan más prácticas, pero su precio es bastante elevado. Tienen la ventaja de evitar los errores de preparación y eliminar cualquier riesgo de contaminación porque están esterilizadas a temperaturas muy elevadas (UHT). Después de abrir el envase con unas tijeras completamente limpias, la leche se puede consumir inmediatamente a temperatura ambiente, y luego se debe conservar en el frigorífico. Debe consumirse en veinticuatro horas.

UN PEQUEÑO CONSEJO

Personalmente, nunca he intervenido para que un bebé de un mes o dos engordara con rapidez, y nunca he visto a ninguno que comiera a voluntad y que se convirtiera en un bebé obeso. En cambio, he visto a niños a los que se les amamantaba y que no ingerían lo suficiente porque la madre no tenía bastante leche, un hecho que resulta fácil de comprobar. Pero se trata de una situación que no entraña casi ningún riesgo. Lo que resulta verdaderamente peligroso para un bebé es la deshidratación. Sin embargo, aunque el bebé coma poco, no corre el riesgo de padecer este problema.

de este modo se crean problemas alimentarios. Al intervenir cuando no es necesario, se desequilibra al pequeño y se interviene en su capacidad de no comer para saciar el hambre.

Un bebé puede tomar grandes cantidades de alimento durante algunas semanas y posteriormente detenerse para ingerir durante cierto tiempo lo que habitualmente se consideraría una cantidad insuficiente. Sin embargo, este hecho permite crear una media a largo plazo. Así, aumentará inmediatamente de peso en un primer momento y después reequilibrará su curva. Un cuidador demasiado celoso o con una mente estrecha puede considerar que si ha aumentado 1 kg en quince días, aumentará 2 en un mes y 4 en dos meses. Sin embargo, esto es completamente falso, ya que este proceso se estabilizará. Durante las primeras semanas, los bebés que tienen libertad para comer engordan con mayor rapidez que los bebés que no la tienen, porque, de hecho, comen más. En una primera etapa el crecimiento es más rápido, algo completamente normal.

No estéis aterrorizados por la obesidad. Salvo excepciones, no se trata de un problema propio de esta edad. A partir del momento en que los padres solo dan al bebé alimentos sanos, este tiene derecho a decidir lo que come, y cuanto más decida por sí mismo en este ámbito, menos necesidad tendrá de someterse a una dieta y menos trastornos alimentarios sufrirá. Para un adecuado equilibrio alimentario es necesario confiar en el instinto del bebé. Más tarde, si se precisa debido a una enfermedad, siempre se le puede prescribir una dieta terapéutica adecuada.

LOS PADRES PREGUNTAN

¿Los niños prematuros deben seguir una dieta especial?

Una de las preocupaciones de los padres de los niños prematuros es que este crezca y se desarrolle con normalidad. En el caso de estos bebés, la leche materna es, en principio, el alimento más idóneo, aunque en muchos casos se debe administrar al bebé vitaminas que se encuentran en baja concentración en la leche. En cualquier caso, la dieta debe estar marcada por el pediatra, ya que una alimentación excesiva puede ocasionar estrés o sobrecarga del sistema digestivo.

¡A comer!

Comer significa saciar el hambre, pero al mismo tiempo disfrutar. En un primer momento, el bebé solo tomará leche. Poco a poco, los padres le harán descubrir los placeres de la mesa. Esta transición debe realizarse progresivamente, sin prisas, pero tampoco con temor, para que finalmente el niño pueda compartir sus comidas en familia.

Los seis primeros meses

¿Hay que darle el pecho o el biberón? En cualquier caso, tu elección será la adecuada. La madre es quien debe decidirlo con calma. Se aconseja a las madres que intenten no convertir esta opción en una cuestión de principios y que escojan el tipo de alimentación que les convenga.

¿Cómo escoger?

La lactancia materna se imponía y todavía sigue imponiéndose en numerosas sociedades en las que las condiciones sanitarias no resultan seguras. En Europa, aunque esta opción sigue siendo adecuada, ha dejado de ser vital, y actualmente los niños alimentados con biberón disfrutan de la misma buena salud que los que han sido amamantados. Pero esto no evita a ninguno de los dos grupos padecer enfermedades. No os sintáis, pues, obligadas a dar el pecho para proteger al bebé de infecciones: lo esencial de tus anticuerpos se ha transmitido a través de la placenta durante el embarazo. Tampoco debes pensar que tendrá problemas psicológicos si le das el biberón.

UN PEQUEÑO CONSEJO

Dale el pecho a tu hijo porque lo hayas decidido libremente. A pesar de todo, si unos días más tarde, no te sientes cómoda, no te atormentes si decides cambiar de opinión: el bebé no te lo recriminará y sabrá alimentarse perfectamente con el biberón. La lactancia materna no es un deber ni una carga, sino un placer para todos, tanto para el recién nacido como para la madre o el padre. Es preferible un biberón ofrecido con una sonrisa que dar el pecho con reticencias.

El pecho

La leche materna es una leche perfecta, porque está totalmente adaptada a las necesidades de los bebés. Está pensada para ello: sus proteínas no producen alergias, sus grasas no favorecen la fabricación de colesterol, etc. Se adapta a las necesidades del bebé en cada toma, a lo largo del día, y durante el periodo de lactancia. Por último, permite el aprendizaje de los sabores familiarizando al bebé con los de tu alimentación, porque el sabor de tu leche cambia en función de tu alimentación, algo que no ocurre con la leche en polvo.

Puedes dar el pecho a tu bebé aunque...

- tengas los pechos pequeños;
- tengas los pezones muy pequeños, ya que los pezones de silicona permiten agrandarlos. Como el bebé no solo succiona el pezón, sino toda la areola, puede mamar perfectamente unos senos cuyos extremos estén umbilicados;
- tu bebé ha nacido mediante cesárea;
- no quieras darle el pecho durante mucho tiempo;
- ya no tengas mucha leche, aunque en este caso debes completarla con biberones de leche en polvo. Así, el niño podrá amamantarse en el pecho entre dos biberones, aunque no pueda ingerir

demasiada leche, simplemente por placer. Y quizá gracias a esto se produzca nuevamente leche.

No debes dar el pecho a tu bebé si...

- fumas más de un paquete de cigarrillos al día (si fumas menos, no lo hagas mientras le des de mamar, ya que el humo que inhalaría el bebé por las vías respiratorias sería tan nocivo para él como el que ingeriría a través de la leche). Y, aunque resulte difícil, aprovecha esta ocasión para dejar de fumar;
- quieres seguir una dieta adelgazante, aunque quizás este no sea el momento adecuado, a pesar de que el bebé se alimente con biberón;
- no te sientes capaz de reducir la cantidad de café y de alcohol que habitualmente consumes o si consumes otras drogas;
- sin que tu ginecólogo haya comprobado que los medicamentos que tomas no suponen ningún peligro para el bebé;
- te has operado los pechos, la lactancia puede ser difícil. Solicita consejo a tu ginecólogo.

SABER +

En las primeras tomas, el niño ingiere una leche espesa, de un color ligeramente anaranjado, denominada calostro. Aunque toma una escasa cantidad, esta leche concentrada resulta muy nutritiva y no precisa más. Es rica en proteínas, en sales minerales y tiene numer osos anticuerpos que actúan como protección, al mismo tiempo que desempeña un papel importante contra las infecciones y resulta laxante. Dos o tres días más tarde aparece lo que se denomina la leche de transición. Tras diez o quince días, la leche permanece prácticamente inalterable hasta el destete.

LOS PADRES PREGUNTAN

Me preocupa no tener bastante leche para alimentar a mi bebé.

Efectivamente, tienen que pasar unos quince días para que la lactancia resulte eficaz y se estabilice. Transcurridos tres días no se puede saber si más tarde se tendrá bastante leche. La lactancia no es regular. Tan solo tras unos diez o quince días sabrás la cantidad de leche que producirás. Merece la pena esperar dos semanas para que el hambre del bebé corra paralela a tu producción de leche.

¿Cómo dar el pecho?

Los inicios a menudo resultan difíciles y se precisa cierto tiempo para dominar completamente la lactancia.

En los primeros días es aconsejable que no le des el pecho al bebé durante bastante tiempo para que tus pezones no se lastimen ni se agrieten. En este caso, debes actuar por ti misma y no por el niño. Entre las tomas, si tus senos están doloridos y tensos, colócate fundas de lactancia en el sujetador; si tu piel está irritada o seca, masajéela con una crema hidratante.

UN PEQUEÑO CONSEJO

A menudo algunas madres jóvenes se entristecen porque no amamantan a sus hijos. Aunque es totalmente normal no impedir que una madre dé el pecho a su bebé, tampoco hay que culparla si no lo hace. No se trata de nada grave. Yo suelo utilizar el verbo amamantar tanto cuando se trata del pecho como del biberón.

La primera subida de la leche resulta bastante desagradable y se produce, en general, hacia el cuarto día. No te inquietes, ya que la cantidad de leche que produces se regulará. Tras una semana con un nivel alto o bajo, se produce un descenso en la lactación hacia el décimo día, antes de volver a incrementarse hacia el quincuagésimo, a partir del cual se mantiene el equilibrio durante meses sin sentirte amenazada por un biberón pasajero.

Si tus senos siguen estando demasiado tensos y doloridos, masajéalos bajo una ducha de agua caliente para vaciarlos un poco. En caso de acumulación, no detengas la lactancia; simplemente consulta al ginecólogo.

La lactancia materna no impide que se utilice un biberón de vez en cuando, tanto para comer (leche) como para beber (agua). El bebé que bebe agua con un biberón no lo confunde con el seno y no lo rechazará, porque todavía le resulta útil para alimentarse.

Es cierto que a un bebé que toma un biberón de leche le puede parecer que es más sencillo que el pecho, porque la succión, efectivamente, resulta más fácil. Sin embargo, uno o dos biberones no ponen en entredicho la lactancia materna. Basta con observar a las mujeres de origen africano que, durante los primeros días, solo alimentan a sus hijos con biberón, mientras esperan la subida de la leche y, a menudo, son las que consiguen una mejor lactancia materna.

Esto no quiere decir que aconseje a todas las mujeres que empiecen con el biberón, aunque hay que destacar que a los bebés no les afecta negativamente.

El biberón

Tanto si has tomado la decisión de darle biberones con mucho tiempo de antelación o lo has meditado en el hospital, puedes estar segura de que no privas de nada al bebé. Acurrucado en tu pecho, recibe de tu cuerpo el calor, el aroma y la ternura que necesita. Y con ello, tú también sentirás gran placer.

Con la misma libertad que si le dieras el pecho, el bebé ha empezado a mamar en cuanto ha tenido hambre por primera vez, lo que puede ocurrir después de una hora de nacer o tras su primer día de vida, tras el momento difícil y fatigoso del parto. En cuanto a la cantidad que tome, puede ser mucha o poca, depende del bebé, por lo que no debes inquietarte.

Si el primer biberón se da muy pronto (hacia las 3 semanas), el niño lo acepta; si se hace demasiado tarde (hacia los 3 meses), lo rechaza. Para evitar problemas a los 3 meses, debes ser previsora a las 3 semanas.

UN PEQUEÑO CONSEJO

A menudo, lo que resulta difícil para el niño es aceptar que su madre le dé el biberón. Contrariamente a lo que se cree, no es una cuestión de sabor, sino de hábito alimentario. Cuando el bebé está en brazos de su madre, busca el pecho, huele su aroma y no comprende por qué se le niega. No obstante, si permanece junto a su padre, al no estar acostumbrado a que él lo alimente, acepta mucho mejor el biberón.

Es, pues, interesante que los primeros biberones se los dé el padre, de forma que el niño no se confunda cuando está en brazos de su madre. Cuando sepa tomar el biberón con su padre, podrá aceptar que se lo dé su madre, su abuela, su cuidadora, etc. Querer empezar a darle biberones en brazos de la madre supone un riesgo suplementario de rechazo.

Existen envases de leche estéril que no requieren ninguna preparación, aunque son ligeramente más caros que los demás. Para los bebés que solo toman un biberón de vez en cuando o para el biberón que le da el padre por la noche, quizá resulte más sencillo.

Dar un biberón una vez cada cierto tiempo también tiene otras ventajas. A menudo, las madres que dan el pecho no se permiten ninguna salida, se obligan a quedarse por si el niño tiene hambre. Pero cuando el niño sabe tomar un biberón, existe otra solución. Resulta muy relajante poder darle un biberón de vez en cuando, lo que permite una mayor flexibilidad, tanto si es un biberón de leche en polvo o como de leche de la madre.

Si tienes leche, puedes extraértela tú misma, introducirla en el congelador y conservarla para los momentos en que estés ausente.

El destete permite al padre implicarse en la alimentación de su hijo y, al mismo tiempo, afianzar sus lazos afectivos.

La leche que los bebés toman con el biberón a menudo se denomina leche artificial. Pero esta leche artificial es, en realidad, una leche natural. Simplemente es leche de vaca que se ha preparado, y sobre todo desalado, para que se asemeje a la leche materna. No temas que tu hijo pueda intoxicarse porque utilizas un producto sintético o químico, porque no es así; por el contrario, se ha adaptado a las necesidades fisiológicas de los bebés.

Los bebés toman la leche adecuada para el primer periodo durante los cuatro primeros meses. A la mayoría les gusta que la leche esté a la temperatura ambiente, ni demasiado caliente ni demasiado fría.

El destete: algunas estrategias

Una de las dificultades a las que deben enfrentarse las madres que amamantan a su bebé es el destete.

En primer lugar, han oído decir que debían prolongar la lactancia materna el máximo tiempo posible. En teoría, esta afirmación no es falsa, pero a menudo conduce a una situación dolorosa tanto para las madres como para los bebés. La primera pregunta que se plantea es, pues, en qué momento hay que iniciar el destete.

Es evidente que, si la madre no trabaja o ha solicitado una excedencia de un año, no tiene ninguna prisa en iniciar el destete, que se producirá de forma natural, porque el bebé, por regla general, rechazará el pecho antes de tener 1 año. Por otra parte, resulta positivo hacerlo a esta edad. No se trata de un consejo nutricional, porque no existe una necesidad nutricional de destetar al bebé, sino de un consejo de tipo relacional y psicológico: el bebé tiene que crecer y hacerse autónomo.

En cambio, la situación es diferente para las madres que tienen que volver al trabajo después de la baja por maternidad, que tiene una duración de cuatro meses, un periodo demasiado breve. Se trata de un periodo en el que no resulta fácil destetar al bebé y darle el biberón. Ya es bastante difícil tener que separarse del bebé a esta edad, y hacerle llorar negándole el pecho para darle un biberón que, en sí, puede resultar muy doloroso para la madre.

Anticipar el destete

Efectivamente, el bebé no aceptará fácilmente el biberón a los dos meses y medio si desde el principio solo se le ha dado el pecho, ya que el bebé no sabe que el biberón también contiene alimento. Se aconseja a las madres que deben reincorporarse al trabajo que anticipen el destete para que sea lo menos difícil posible. El niño, que no comprende por qué no se le da lo que le alimenta, grita y se niega a comer, y las cosas se complican. Se trata, pues, de anticipar esta dificultad haciendo que conozca el biberón relativamente pronto como un instrumento más de comida. A pesar de lo que se dice, darle un biberón no supone ningún riesgo para la lactancia materna, si se hace en el momento en que esta se ha sedimentado. El padre, hacia el primer mes, puede darle un biberón de vez en cuando, una o dos veces por semana, que además no influirá en la lactancia materna.

Por la noche, para que la madre pueda dormir y pueda pasar un rato a solas sin su hijo, el padre puede darle un biberón, actividad que resulta muy agradable para él y, al mismo tiempo, relajante para la madre y fácil para el niño. Basta con darle uno o dos por semana a partir de finales del primer mes para que, más adelante, las cosas resulten más fáciles.

Iniciar el destete

Durante el tercer mes, en el caso de las mujeres que van a reiniciar su trabajo, habrá que empezar a destetar al bebé, es decir, a suprimir las tomas con el pecho y sustituirlas por el biberón, puesto que la madre pronto deberá ausentarse y ya no podrá alimentarlo.

Cuando tiene 1 o 2 meses, el bebé ingiere un total de seis a ocho tomas al día. A los 3 o 4 meses, solo

LOS PADRES PREGUNTAN

¿Existe una leche para el destete?

No. Si la familia no es alérgica, se le debe dar al bebé un tipo de leche normal para su edad si tiene menos de 6 meses, y si los miembros de la familia son muy alérgicos, se le puede dar leche hipoalergénica para empezar, si la única leche que ha tomado es la de la madre.

Pero la leche hipoalergénica no es una leche de destete, sino una leche para evitar las alergias.

El aprendizaje del biberón no se debe realizar forzosamente con leche de la madre; también se le puede dar al bebé leche en polvo o leche líquida.

¿Es posible que se me retire la leche si estoy angustiada o enferma?

Puede ocurrir. Pero si, por ejemplo, de repente padeces una apendicitis, deberás ir al hospital y el bebé tendrá que arreglárselas sin la leche de la madre y tomará otra cosa. Si la madre está enferma o no puede darle el pecho, o existe cualquier otra razón que le aleja del bebé, a veces simplemente porque está demasiado cansada y necesita dormir, es preferible que el pequeño sepa que el biberón también contiene alimento y que al disgusto de la ausencia de la madre no se añada una angustia relacionada con la comida. Es necesario que a la madre se le alivie de su trabajo extremadamente absorbente sin que se sienta obligada a darle exclusivamente el pecho o su leche.

UN PEQUEÑO CONSEJO

Este consejo os parecerá que contradice la libertad que aconsejo que concedáis a los bebés; sin embargo, en esta situación, no se puede ser totalmente liberal. Cuando uno de los niños haya comido, comprueba si el otro quiere aprovechar la ocasión para comer, mientras estás allí. Así, con que te despiertes una vez, podrás alimentar a los dos y evitar que vuelvan a despertarte diez minutos más tarde. Porque, efectivamente, los ritmos pueden ser totalmente diferentes: tanto si son gemelos como si son mellizos, se trata de seres diferentes.

Aunque esta técnica no siempre funciona, se puede probar. Si te resulta efectiva, disfrutarás de una hora más de descanso. En cualquier caso, los gemelos, como los demás bebés, se regularán antes de 100 días, pero hasta entonces, debes intentar ganar un poco de sueño: pide ayuda.

cuatro o cinco. Resulta más difícil de destetar ocho tomas que cuatro. Si el bebé ingiere cinco tomas al día, en primer lugar se suprime la tercera, luego la segunda y la cuarta, directamente o una tras otra, y se mantienen las tomas de la mañana y la noche. La lactancia disminuirá por sí sola si los padres no tienden a precipitarse en esta tarea. Si el cambio se realiza con demasiada rapidez, puede resultar doloroso para los senos; es mejor anticiparse para evitar que la madre sufra y que el bebé llore.

Si se tienen gemelos

Actualmente, una madre de cada sesenta da a luz a gemelos. El número de nacimientos gemelares ha aumentado, sobre todo debido a la asistencia médica en la procreación.

Ya en el hospital, donde, sin embargo, la madre recibía mucha ayuda, pronto comprende que los padres de gemelos recién nacidos no van a tener una vida muy relajada. Ya ha experimentado, al mismo tiempo, la extraordinaria felicidad de haber traído al mundo a esos dos niños, así como el hecho de tener que enfrentarse a una gran fatiga o incluso a un estado de pánico, ya que no sabe cómo se las va a poder arreglar. Es importante que la madre se cuide, que descanse. El hecho de tener que ocuparse de unos gemelos a menudo supone un gran esfuerzo, un cansancio tan importante que los médicos en ocasiones hablan de agotamiento.

Organizarse bien

Los primeros días, los padres pueden sentirse perdidos y no distinguir a un bebé del otro, algo totalmente normal. Se les puede poner un pequeño brazalete de tela para diferenciarlos. Esto os permitirá saber cuál de los dos ya ha comido, cuando todavía se hallan en un periodo en que se corre el riesgo de que padezcan hipoglucemia. Luego, en cualquier caso, comerán cuando lo deseen. Hay que admitir que no es fácil ser una madre joven con gemelos; una pequeña ayuda puede ser de gran utilidad… y la del padre se impone. Cuando cumplan un año, evidentemente será más fácil, ya que empezarán a espabilarse solos y será suficiente con estar presentes para servirles y ayudarles, pero ya no os sentiréis divididos entre los dos. El periodo de la alimentación con leche, del destete y de la variedad alimentaria (la más compleja) enseña a los gemelos a esperar. Inmediatamente aprenden que no están solos en el mundo y que deben tener en cuenta al otro. Los padres también aprenden que esperar es

Alimentar a dos niños a la vez resulta siempre mucho más complejo: en esos momentos se agradece la ayuda del padre.

molesto para un bebé que tiene hambre, pero que no es algo insoportable, de manera que la situación puede resultar educativa para todos.

Los bebés prematuros

Es conocido que los bebés muy prematuros se benefician muchísimo de la leche materna. Si estos gemelos son muy prematuros, cosa que ocurre a menudo, es preferible que la madre dé el pecho a ambos, porque se trata de su supervivencia y de mejorar su salud. A veces, uno de los bebés es más pequeño que el otro, en cuyo caso se puede amamantar al más pequeño y no al más grande.

LOS PADRES PREGUNTAN

Si tengo gemelos, ¿tengo que darles el pecho?

Efectivamente, puedes preguntarte si debes amamantar a los dos bebés. Técnicamente es posible, pero difícil. En primer lugar, hay que tener mucha leche para alimentar a los dos bebés y aceptar que estos quieran mamar casi siempre. Es posible alternar el bebé al que das el pecho: a un bebé se le da el pecho mientras el otro toma un biberón y, en la toma siguiente, se hace lo contrario. Ambos bebés conocerán las dos formas de alimentación, lo que permite cierta flexibilidad en cualquier circunstancia. Si la madre está demasiado cansada o si los padres necesitan un poco más de tiempo para ellos, a los bebés también les puede dar de comer otra persona conocida por ellos.

Después del primer año

Veamos, en primer lugar, lo que sucederá a partir del primer año y, más adelante, hablaremos de la forma en que hay que afrontar la transición entre esos dos periodos.

De todo o casi de todo, como los padres

Los padres piensan a menudo que el bebé, cuando toma leche o come potitos poco sabrosos, come para alimentarse y no por placer. En cualquier caso, tanto si se les da el pecho como el biberón, los bebés no se cansan del sabor de la leche. A menudo son los padres los que se cansan y tienen ganas de que el niño descubra lo que ellos comen.

No hay que temer que los niños prueben lo que les gusta a los padres, siempre y cuando se sigan unas sencillas reglas para evitar alergias alimentarias. No les protejáis demasiado, porque a los bebés les gustan los sabores intensos y pueden descubrir con sorpresa y placer el sabor del roquefort y el de los pepinillos, pero evitad la mostaza, ya que suele producir alergias.

Cuanto mayor sea el niño, más irá adquiriendo la alimentación de sus padres, tanto si nos gusta como si no. A menudo, por mucho que queráis seguir dándole alimentos propios de bebé para que su alimentación sea sana, ya no querrá comerlos, sino que cogerá lo que haya en vuestro plato o en el de sus hermanos y hermanas.

Una alimentación adecuada consiste en una alimentación variada, con poca grasa, en particular animal; la grasa vegetal es útil en pequeñas cantidades.

Más que luchar inútilmente contra ello, asumid que las cosas son así. A partir del primer año y, por supuesto, a los 2 años, el niño debe comer cada vez más como sus padres, siempre que, por supuesto, sus padres coman cosas sanas.

El bebé enseña a sus padres a comer bien

El niño deberá comer como sus padres, siempre que ellos sigan algunas reglas de nutrición, lo que, a menudo, no es así. Los padres son personas jóvenes que con frecuencia no disponen de demasiado tiempo y han perdido el hábito de cocinar. En vez de cansarse convenciendo a su hijo de que el plato de patatas fritas que comen los padres no es adecuado para su edad, es preferible que preparen unas judías

UN PEQUEÑO CONSEJO

A menudo se observan diferencias considerables entre algunos padres que quieren empezar a diversificar la alimentación de su hijo a los 2 o 3 meses, para que ya sea un niño mayor, y otros que, al año y medio, todavía preguntan si pueden darle un trozo de pan. Aunque debe actuarse con tranquilidad, no es necesario esperar seis meses con todos los bebés.

verdes o unos calabacines gratinados y le dejen probar ese plato de mayores, que el niño podrá degustar con ellos.

Gracias a este niño, que comerá lo mismo que sus padres, ellos reaprenderán a comer correctamente. Al preparar determinadas cosas para él, se darán cuenta de que son deliciosas, y que lo habían olvidado. A menudo, los niños de todas las edades se niegan a comer la sopa que comen sus padres, y siguen haciéndolo cuando son adultos jóvenes. Pero, cuando preparan una sopa para sus hijos, la encuentran deliciosa.

Es evidente que si los padres solo comen pizzas, hamburguesas y patatas fritas, el niño no debe comer lo mismo que ellos.

Cultura y nutrición

Al variar su alimentación, el niño adquirirá la cultura de sus padres, lo que también incluye la alimentación. España siempre ha gozado de una alimentación mediterránea excelente, basada en pescados, frutas, verduras y carnes. No obstante, en los últimos años, quizás debido a la falta de tiempo de los padres, se ha observado un descenso en el consumo de frutas y verduras, ejes de la dieta mediterránea tan apreciada por otros países. Hay que destacar que se come en función de las costumbres familiares. Así, los niños de origen africano o los de origen asiático aprenderán a comer como sus padres. Los cuidadores pueden aportar mejoras a estas costumbres culinarias, pequeños cambios, pero en general hay que seguir las costumbres familiares en la medida de lo posible, aunque la alimentación sea ligeramente menos sana que la ideal en el plano nutricional.

> Hay que aprovechar la curiosidad innata de los niños para que prueben nuevos sabores y texturas.

Los alimentos prohibidos

Los padres son adultos y tienen hábitos alimentarios que no siempre son los ideales. Pero tampoco hay que prohibirlo todo. De lo que se trata es de reducir las grasas animales cocinadas, la sal y el azúcar. Es preferible sustituir las grasas animales por las vegetales que, en pequeñas cantidades, son necesarias para el adecuado funcionamiento del organismo.

LOS PADRES PREGUNTAN

¿Puede atragantarse mi hijo con los trozos de comida?

Evidentemente, existe cierto riesgo, pero el niño debe comer trozos de comida cuando esté acompañado. Al principio, será poco diestro, pero rápidamente aprenderá a comer con mayor habilidad. No tengáis miedo de los trozos, ya que no puede comer puré toda la vida. No obstante, se debe tener especial cuidado.

Hay que dar a los niños poca sal, pero sin eliminarla totalmente. Simplemente no se debe añadir a las comidas. Por ello, cuando los padres prueban la comida de sus hijos les parece insípida, sosa. Es totalmente normal, porque no están acostumbrados, y esta alimentación, que no está destinada a ellos, al niño no le disgusta. En cambio, esto no impide la utilización de especias mientras se prepara la comida. El mayor problema sigue siendo el azúcar, sobre todo porque los padres tienden a creer que a los niños les gusta el azúcar y que hay que edulcorar los alimentos.

Los alimentos prohibidos son el alcohol, el café o el té, sustancias que los padres pueden tomar en pequeña cantidad, pero que están absolutamente prohibidas durante la infancia, hasta que los hijos tengan 18 años.

Pero a los niños les encantan los quesos tiernos sin azúcar. Por el contrario, si se añade sistemáticamente azúcar a los yogures, a las papillas de fruta o al agua que toma el niño, lo único que se consigue a acostumbrarle a las cosas edulcoradas, lo que puede provocar en él malas costumbres alimentarias. A los niños les gustan las frutas o los yogures sin azúcar como postre. En cambio, si suponéis lo contrario y solo le ofrecéis alimentos nocivos, como la sacarosa (un auténtico azúcar), orientáis sus gustos futuros y le alejáis de la alimentación adecuada.

Las bases de una buena alimentación deben establecerse en casa: los niños aprenden a comer de sus padres.

¿Qué se puede comprar en el supermercado?

Esta elección depende de cómo sean los padres y de su tipo de vida. Si quieren algo en particular para el bebé, tienen que leer la etiqueta: los potitos de verduras pueden contener de un 90 a 10 % de verduras, según las marcas. El resto es, en general, harina de maíz.

A menudo, los productos especiales para bebés no se diferencian demasiado de los productos básicos. Solo sirven para que los padres compren productos suplementarios. Los petit suisse para bebés están fabricados con leche de crecimiento, lo que hace creer a los padres que su hijo va a crecer con mayor rapidez y que gozará de más salud. Los petits suisses normales son igualmente buenos para su equilibrio.

El niño puede comer sin ningún problema los lácteos normales, así como las frutas y las verduras habituales.

Pero hay que ser más precavido si el bebé padece un problema en particular: si un niño es alérgico al cacahuete, no se puede comprar algo que contenga este producto. Lamentablemente, a veces la etiqueta resulta poco clara o insuficiente. Un producto fresco es siempre más seguro.

Si los padres siguen una dieta sana y equilibrada, no es necesario comprar cosas especiales para el bebé; estas, en general, son más caras y no aportan más nutrientes que el resto. Además, de esta forma, el niño se acostumbra a comer lo mismo que sus padres y a probar cosas nuevas.

UN PEQUEÑO CONSEJO

Los potitos de fruta, en general, son bastante buenos; los que contienen una sola verdura no son demasiado malos, pero la mezcla de varias verduras o de carne y una verdura a menudo no tiene muy buen sabor.

El día en que no tengáis tiempo de cocinar, es preferible que el pequeño tome un biberón de leche, sin carne ni verdura, o un potito de verduras sin carne, antes que un producto que vosotros mismos no comeríais.

Cambio de menú

Habitualmente se denomina diversificación alimentaria. La alimentación del bebé, efectivamente, será cada vez más variada. Para pasar de una alimentación exclusivamente a base de leche a una alimentación normal, hay que utilizar los trucos adecuados para diversificar sin que resulte difícil para el niño o para los padres.

La transición

Cuanto más bruscamente se lleve a cabo esta transición, más chocante resultará para el niño y más difícil para todos. Como en el caso del destete, se tendrá que actuar de la forma más progresiva posible, con el mínimo de sobresaltos. La transición debe ser progresiva y sin retos. La idea de que existe una fecha límite complica las cosas; el niño dispone de mucho tiempo y no tiene por qué comer obligatoriamente un alimento concreto en un momento preciso. Simplemente tiene que hacerlo cuando tenga alrededor de un año. Así, se dispone de la segunda parte del primer año para pasar de una alimentación constituida exclusivamente a base de leche a las comidas normales.

Si existen casos de alergias en la familia, deberá retrasarse la diversificación alimentaria. Una diversificación precoz puede favorecer los riesgos de padecer una alergia alimentaria.

Los padres actuales, como ya no tienen la costumbre de cocinar, en el momento de la transición suelen utilizar únicamente los productos denominados para bebés, así como utensilios de cocina destinados a ellos. Estos productos no son necesarios, porque el bebé puede comer yogures normales, aunque existan los que se fabrican con la leche para los primeros meses. También resulta inútil comprar utensilios de cocina especiales que, por su pequeño tamaño, no permiten cocinar en grandes cantidades, lo que, como se verá más tarde, permite a los padres ahorrar tiempo.

UN PEQUEÑO CONSEJO

Es evidente que hay que adaptarse al niño de cualquier modo. Algunos niños rechazan el biberón de sopa y quieren comer con cuchara. Lo esencial es permanecer atentos y adaptarse al niño.

Con biberón

El primer obstáculo que puede aparecer en el momento de la diversificación para un bebé que toma el biberón está relacionado con el utensilio, con la técnica. Un bebé hambriento no aceptará fácilmente una cucharilla que no conoce y con la que no sabe comer (de la misma manera que el bebé al que se le da el pecho rechaza el biberón). Pero el cambio de alimentación no debe realizarse obligatoriamente pasando por la cucharilla. Se pueden introducir perfectamente verduras en la leche del biberón de forma progresiva. De este modo, el niño modificará sus costumbres sin cambiar de técnica.

Una vez cocidas las verduras, es suficiente con triturarlas bien (el mínimo trozo será escupido

La transición del biberón a la cuchara puede resultar complicada en algunos casos; es cuestión de paciencia.

o taponará la tetina) y añadirlas gradualmente a la leche del bebé.

El sabor de la leche irá atenuándose poco a poco y dando paso al de las verduras. En uno o dos meses, el bebé tomará un biberón de leche con verduras, y luego de verduras con leche para, finalmente, tomar únicamente verduras, que podrán variarse con mayor facilidad.

Con el pecho

El bebé al que se le da el pecho no aceptará fácilmente el biberón de leche y sopa. No conoce el biberón y no sabe cómo puede comer con él. En cambio, quizá esté más dispuesto a utilizar la cuchara con verduras o fruta; la novedad será la misma que el biberón.

El plato debe entonces contener menos agua y asemejarse más a un puré que a una sopa, siempre

UN PEQUEÑO CONSEJO

No intentéis empezar una comida con la cuchara porque podéis enfrentaros a un rechazo sistemático. En primer lugar, hay que calmar al máximo el apetito dándole el pecho y luego iniciar la segunda parte de la comida haciéndole probar verduras y/o frutas con una cuchara. El niño aceptará entonces tomarse el tiempo necesario, y, poco a poco, aprenderá a utilizar este nuevo utensilio.

Los cereales forman parte de nuestra alimentación, aunque no se pueden dar a los niños menores de 6 meses.

perfectamente triturado, porque los niños de esta edad no toleran los trozos.

¿Qué alimentos hay que dar al bebé?

Alimentos que sean lo más sanos posible.

Harinas

No son muy recomendables, pero forman parte de los alimentos que toman con mayor frecuencia los bebés. Los padres pueden desear añadir muy pronto harinas a la leche, con la esperanza de conseguir que duerman. No obstante, es totalmente inútil, porque se ha comprobado que las harinas no inducen al sueño a los bebés. En cambio, estas harinas están aromatizadas (cuando se habla de harina con verduras, esta no contiene verduras, sino un aromatizante) y evitan que el pequeño pueda gozar del sabor de la leche que tanto le gusta. Además, estas harinas a menudo contienen vainilla o chocolate, lo que más tarde hará que el niño desee comer alimentos azucarados.

Las harinas aportan calorías ocultas y proporcionan grasas al bebé que no tienen ninguna utilidad ni en el plano nutricional ni en lo que respecta al sueño. Resulta extremadamente importante que el niño sepa lo que come. Los bebés muy pequeños tienen la capacidad de autorregular su alimentación, y en general solo comen lo que necesita su cuerpo, ni demasiado ni muy poco. Este tipo de alimento reduce esta capacidad y les acostumbra a comer demasiado sin saberlo, lo que, a la larga, puede acarrear desarreglos alimentarios. En cambio, los cereales son totalmente recomendables, ya que constituyen uno de los elementos básicos de nuestra alimentación. Los cereales (trigo, centeno, maíz) son alimentos muy sanos y, más tarde, el niño ingerirá con gusto pan, arroz y pastas.

Verduras y frutas

Los primeros alimentos que el niño descubrirá después de la leche son las verduras y las frutas, introducidas en el biberón o tomadas con cuchara.

UN PEQUEÑO CONSEJO

Os aconsejo que, en un primer momento, evitéis las verduras secas, ya que son difíciles de triturar y de digerir. También habrá que esperar un poco para las verduras con un sabor demasiado intenso. El tomate, por ejemplo, tiene un sabor consistente y resulta difícil de triturar; debe pelarse y se deben retirar las semillas. Habrá que esperar por lo menos hasta el segundo semestre para introducirlo progresivamente y ver la reacción del pequeño desde el punto de vista del sabor y la digestión.

Las primeras verduras son las que se utilizan para preparar los caldos: zanahorias, puerros, patatas, etc. La sopa de nabos puede resultar ligeramente fuerte al principio. Hay que evitar las coles, pero, en cambio, las coles de Bruselas y los brócolis contienen componentes muy adecuados. Se puede empezar dándoles un poco para ver cómo reaccionan. A los bebés les gustan especialmente las zanahorias, porque tienen un sabor azucarado, y la comen fácilmente con cuchara. Pero, como ocurre con las espinacas, suelen contener abundantes nitratos. De modo que, si le das muchas zanahorias y espinacas al pequeño, es importante que sean de cultivo biológico o que no contentan nitratos. A pesar de todo, una o dos zanahorias a la semana, incluso con nitratos, no suponen ningún peligro.

Lácteos

Hacia los 6 meses, el niño toma leche, verduras y frutas cocidas o crudas, pero sin azúcar. Luego se empieza con los lácteos como postre. Los petit suisse son ligeramente espesos, por lo que es mejor rebajarlos con leche. También pueden utilizarse lácteos más ligeros, como los quesos tiernos y los yogures, a los que se les pueden añadir compotas de frutas, pero no deben comprarse lácteos con frutas industriales, ya que contienen demasiado azúcar. El queso tierno no azucarado añadido a una compota de fruta es un postre ideal.

La carne, que aporta proteínas, se introduce a partir de los 6 meses y forma parte de la alimentación habitual.

A los 6 o 7 meses, el niño toma dos comidas de verduras con un postre de fruta o de lácteos, al mediodía y por la noche.

Carnes

Asimismo, hay que empezar a dar carne a los niños hacia los 6 meses, e introducirla en las comidas de verduras del mediodía, una sola vez al día (una costumbre que hay que mantener durante toda la vida).

Todas las carnes escalfadas o a la plancha sin grasa son adecuadas, tanto si son rojas como blancas. No

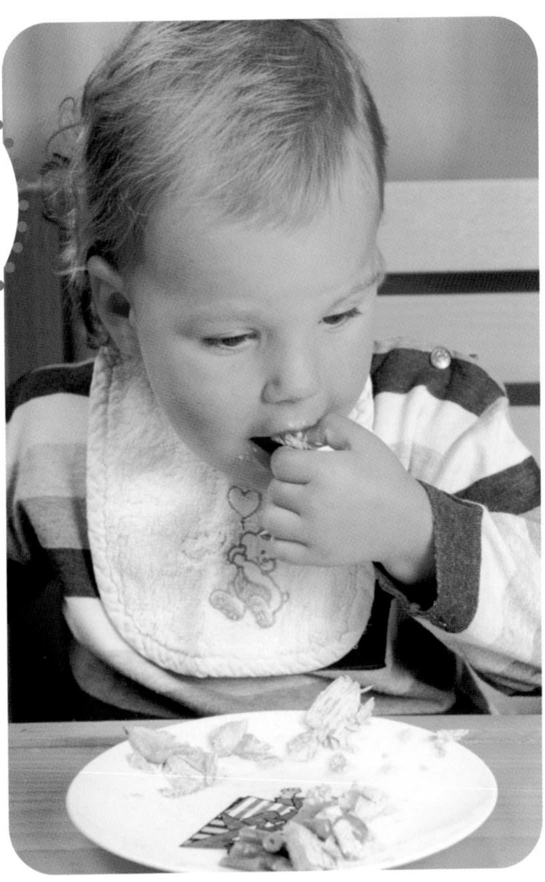

SABER +

Los potitos tienen la garantía de que no contienen nitratos, porque los controles son muy rigurosos. Pueden, pues, utilizarse como alternativa a las zanahorias y las espinacas.

existe ningún motivo para que no tomen menudillos. El hígado, por ejemplo, contiene mucho hierro, pero, hay que ser prudente, porque también puede contener toxinas si el animal no estaba sano.

Los trozos más caros, los más sabrosos y los más tiernos para los adultos no tienen por qué ser forzosamente los mejores para los bebés. Se pueden comprar perfectamente trozos menos tiernos, ya que se triturarán; además, resultan igualmente buenos.

Los bebés pueden comer buey, pollo y cerdo (y jamón, si se le retira la grasa), siempre y cuando no existan prohibiciones alimentarias de tipo cultural o religioso. El jamón crudo y el salchichón, por el momento, son demasiado grasos y salados; podrá comerlos más adelante, en pequeñas cantidades, para probarlos. También pueden comer caballo y pavo; el cordero es una carne muy sana, pero no es necesario comprar chuletas de cordero, que además tienen poca carne y un precio elevado. En cuanto al pollo, se puede asar para toda la familia y triturar un trozo para el bebé.

SABER +

Un bebé come entre 10 y 20 g de proteínas animales al día, el equivalente a una o dos cucharillas de café, lo que resulta ligeramente difícil de mesurar. En cambio, de 10 a 20 g al día corresponden a una media de 100 g a la semana. Esta cantidad es más fácil de pedir al carnicero. Es posible, pues, comprar 100 g de carne y congelarla en pequeñas raciones.

Si la alimentación es equilibrada, nunca existen carencias.

Huevos y pescado

Se trata de otros tipos de proteínas animales. El huevo a menudo puede producir alergias. Se puede empezar con una yema de huevo duro triturada, que produce menos alergia que la clara, y ver cómo reacciona el niño. Por supuesto, si la familia es alérgica, habrá que esperar a que el niño haya cumplido como mínimo un año. De lo contrario, se le puede dar huevos a la misma edad que la carne. Una yema de huevo corresponde a dos raciones de carne diarias. Se puede cocer un huevo duro, retirar la clara y darle al niño la yema en dos días, por ejemplo, con espinacas; a la semana siguiente, se le puede dar una clara.

El pescado es un alimento muy sano, pero también puede producir alergias. Será, pues, preferible retrasar su introducción. A las familias alérgicas se les aconseja que esperen dos años en el caso del pescado, porque si la alergia a los huevos en general es breve (un año o dos), la del pescado, menos frecuente, dura más tiempo (varias décadas).

Alimentos prohibidos

Ninguna verdura está prohibida. En cambio, sí lo están los productos excesivamente grasos: una bolsa de patatas fritas, por ejemplo, equivale a un vaso de aceite. Si en la cena de la familia se comen patatas fritas, el pequeño puede probarlas, pero esto no tiene que convertirse en una costumbre. El problema no reside en las patatas, sino en el aceite que se les añade.

¿Qué tipo de nutrientes debe tomar el bebé?

Adquirir buenas costumbres para toda la vida

Es el momento de revisar las nociones nutricionales básicas. Si queréis enseñar al bebé las pautas de

LOS PADRES PREGUNTAN

¿Cómo puedo estar segura, cuando diversifique la alimentación de mi hijo, de que le doy unas comidas equilibradas?

Apuesta por 421. Según la profesora de nutrición Marian Apfelbaum, se trata del enunciado más sencillo para una alimentación equilibrada: 421 GPL: 4: glúcidos, 2: proteínas, 1: lípidos.

Para una cantidad determinada de glúcidos (mitad de azúcares de absorción rápida –fructosa de la fruta, lactosa de la leche, sacarosa de forma moderada– y otra mitad de azúcares de absorción lenta –almidón del pan, de las pastas, del arroz o de las patatas–), que constituye la base de la alimentación, hay que comer dos veces menos de proteínas (que también deben distribuirse de forma equilibrada entre las de origen animal –carne y pescado– y las de origen vegetal –algunos cereales, frutas y verduras–), y cuatro veces menos de lípidos (grasas divididas por igual entre las de origen animal –crudas– y las de origen vegetal, que pueden cocinarse).

Antes de los 3 años, la cantidad de lípidos puede seguir siendo más importante; por ello, se aconseja la leche entera.

Por supuesto, no se trata de plasmar el 421 en cada comida y cada día, sino de mantener un equilibrio global. Este equilibrio se va creando a medida que pasan los días a razón de cuatro comidas diarias. Así se alimentará el pequeño a partir de entonces y durante mucho tiempo: desayuno, almuerzo, merienda y cena. No suprimas ninguna de estas comidas y nada de tentempiés a las once de la mañana. No se debe permitir que el niño coma alguna cosa mientras se espera a que sea la hora de cenar. El niño debe comer en la mesa, con toda la familia, a las horas habituales que, a partir de ese momento, se han adecuado totalmente a su ritmo.

¿En la diversificación alimentaria, hay que empezar por las verduras o por la fruta?

No tiene ninguna importancia; el hecho de que se empiece por la fruta no comportará que los niños prefieran el azúcar; se trata de una tendencia innata y procede de nuestros antepasados primates que, como siguen haciendo nuestros primos, los monos, diferenciaban los alimentos comestibles –frutos azucarados y, por tanto, no tóxicos– de los vegetales dudosos de sabor amargo. Así, evitaban consumirlos si creían que podían ser tóxicos. Sin embargo, esta atracción –innata y no cultural– no debe ser alentada por las malas costumbres familiares. A fuerza de endulzarlo todo creyendo que así se da placer al niño, se corre el riesgo de que no tolere los alimentos en su estado natural. No añadas azúcar a los alimentos que parece que no quiere comer: el agua, la leche, las verduras e incluso la fruta y los lácteos se consumen sin añadir azúcar. Un poco de fruta en forma de puré después del biberón le gustará mucho al bebé, pero no porque se trate de fruta hay que añadirle azúcar. La fructosa, el azúcar de la fruta, es mucho menos nociva que la sacarosa, el azúcar que se le añade.

una correcta alimentación, no es necesario complicarse la vida, ya que son las mismas que para los adultos.

Los nutrientes son los componentes de los alimentos: nutren el organismo y permiten que las células funcionen.

El desayuno es una de las comidas más importantes del día, ya que proporciona a los niños la energía necesaria para empezar sus actividades.

La alimentación contiene tres categorías de nutrientes:

- los glúcidos, que se denominan azúcares;
- los lípidos, que son las grasas;
- los prótidos o proteínas.

UN PEQUEÑO CONSEJO

Hasta el primer año, el bebé debe tomar menos de 10 a 20 g de proteínas al día y, después del año, no más de 50 g al día. En cambio, no resulta saludable suprimir totalmente las proteínas animales, aunque se sustituyan por proteínas vegetales.

Los glúcidos

Existen dos tipos de glúcidos, es decir, de azúcares: los azúcares de absorción lenta y los azúcares de absorción rápida. Los primeros son necesarios para el funcionamiento del organismo, ya que aportan energía a largo plazo. Los azúcares de absorción rápida también son necesarios, pero en menor cantidad. Hay glúcidos en la leche, tanto en la materna como en la leche en polvo. El azúcar de la leche es la lactosa. En un primer momento, en la leche hay la suficiente lactosa para disponer del aporte necesario de glúcidos. Más adelante, el pequeño ingerirá azúcares de absorción lenta con las patatas, los cereales, el pan, las pastas, el arroz, etc. Los azúcares de absorción lenta constituyen la base de la alimentación y, por tanto, el pequeño puede comer la cantidad que desee. Hay que intentar reducir los aportes de azúcares de absorción rápida, principalmente de sacarosa (el azúcar que se vende en los comercios), porque en grandes cantidades perjudica el equilibrio alimentario. Además, una alimentación rica en azúcares, como la glucosa, favorece la aparición de problemas bucales en los niños, las caries.

Los lípidos

La parte esencial del aporte calórico en el niño que se alimenta de leche procede de los lípidos, que son necesarios para desarrollarse con rapidez. Cuanto más pequeño es el bebé, mayor es la rapidez con que crece y más importante su necesidad de lípidos. A partir de los 6 meses, si el niño ya no toma leche para bebés, la cantidad de lípidos necesaria para su crecimiento justifica que se añada a su menú una cucharilla de aceite vegetal al día. Cuanto más crezca, menos necesidad tendrá de lípidos.

Las proteínas

Con las proteínas se desarrolla el cuerpo: los músculos, los tejidos, etc. Pero son nutrientes relativamente difíciles de digerir. Aunque son necesarios para el desarrollo del bebé, no debe tomarlos en grandes cantidades.

Las proteínas animales se encuentran en la carne, el pescado, los huevos y los lácteos.

Recetas y menús

Los potitos

Los potitos pueden sacar de apuros. Son equilibrados, pero no resultan demasiado agradables. Sin embargo, no hay que rechazarlos completamente, sobre todo teniendo en cuenta que la mayoría de los padres no tienen tiempo para cocinar. Los potitos tienen la ventaja innegable de ser productos totalmente seguros desde el punto de vista nutricional. En cuanto a la seguridad, su calidad es óptima: cada potito se controla unas setenta veces, de modo que no se debe pensar que un potito puede resultar nefasto para la salud del bebé.

Los platos para el bebé

Sin necesidad de perder demasiado tiempo, se pueden preparar platos apetitosos y equilibrados para el bebé. Para ello, simplemente es suficiente con utilizar el congelador. El hecho de congelar los alimentos permite conservar mejor las vitaminas.

Es totalmente posible alimentarse de forma sana y agradable sin dedicar a ello una hora al día. Basta con preparar las verduras con antelación. Se pueden escoger verduras crudas congeladas, que entre otras ventajas estan limpias y cortadas (hay que verificar que no contengan aceite o especias). Una vez cocidas y trituradas, se pueden congelar de nuevo. No merece la pena cocinar cada día pequeñas cantidades, simplemente es suficiente con cocinar una gran cantidad una vez a la semana y congelarla luego en pequeñas raciones. Para ello, es posible utilizar pequeños botes vacíos en los que se puede congelar la sopa y disponer de este modo de una cantidad ya preparada. En cambio, hay que tener en cuenta el hecho de que los recipientes pequeños tienen escasa capacidad; si se vierte en ellos una sopa líquida, la cantidad será insuficiente. Es, pues, preferible disponer de varios recipientes pequeños o de botes de plástico de tamaño medio. La cantidad aproximada para un bebé de esta edad es un cuarto de litro. También se puede utilizar, sobre todo al principio, la cubitera del congelador. Los pequeños cubos de sopa podrán añadirse a la leche del biberón. Se podrán ir añadiendo más progresivamente para disponer finalmente de un biberón de sopa.

Los potitos pueden ser útiles en algunos momentos, pero no se debe abusar de su uso. No hay nada como la cocina casera.

Sopas con carne

El día que tengas tiempo, prepara 4 kg de verduras y tritúralas. Conserva la mitad

UN PEQUEÑO CONSEJO

El problema de los potitos reside en que habitúan al niño a una alimentación poco sabrosa, poco variada y con la misma consistencia. El niño se acostumbra a apreciar este tipo de comida y, en relativamente poco tiempo, no apreciará los alimentos preparados de otra forma. Hay muchas madres que sufren por el hecho de que su hijo se niegue a comer los platos que le ha preparado. Los potitos son equilibrados desde el punto de vista nutricional, pero creo que no hay que contentarse con ellos.

Los potitos permiten ganar tiempo a corto plazo, pero hacen perder mucho más a largo plazo. Después de comer potitos durante el primer año, podemos encontrarnos con un niño que, durante años, solo quiera comer platos triturados.

También se le pueden dar al bebé potajes congelados de algunas marcas si son sanos, es decir, si no contienen sal ni grasas. Comprueba que solo contengan verduras no cocinadas.

para la sopa de las noches, que se puede congelar en pequeñas raciones. Añade la carne a la otra mitad después de haberla cocinado y tritúrala de nuevo. Así tendrás a mano sopa con carne triturada para las comidas del mediodía, que también se puede congelar después de que se haya enfriado. Asimismo, se pueden preparar diferentes comidas el mismo día y congelarlo todo, lo que permite disponer de distintos sabores durante la semana. Puedes cocinar, por ejemplo, calabacines y cordero, o pollo y zanahorias o buey y judías verdes, y alternarlos.

Así evitarás que el bebé se alimente únicamente con potitos insípidos o pasarte dos cocinando cada día. Simplemente hay que introducir las raciones congeladas en el microondas que, contrariamente a lo que se cree, no desvirtúa los alimentos. Pero, ten cuidado con el calor: hay que mezclar y comprobar siempre que una parte del plato no esté demasiado caliente y resulte peligrosa para el pequeño. Por supuesto, únicamente el primero de tus hijos disfrutará de una alimentación tan sana. El segundo y los siguientes imitarán al mayor y diversificarán su alimentación mucho antes con productos menos selectos: los que encuentren en los platos de los mayores.

LOS PADRES PREGUNTAN

¿Hay que dar al bebé los alimentos uno a uno o mezclarlos?

El niño debe conocer los alimentos uno a uno para disfrutar de su sabor, pero algunas verduras, que son demasiado fuertes, le gustarán más mezcladas. Unas zanahorias y un poco de patata pueden mezclarse con un poco de judías verdes, lechuga cocida o calabacines. Se aconseja reforzar progresivamente un sabor, ya que el niño lo acepta mejor.

Menús-tipo para después del primer año

Desayuno

- El bebé debe tomar la leche que desee, y en alguna ocasión chocolate (si, cuando tenga 1 año y medio o dos años, no quiere la leche, aunque es preferible que la tome sola), servida en una taza o con el biberón.

- Pan o cereales sin azúcar añadido.

- Ningún zumo de fruta industrial ni barritas con chocolate, sino una naranja exprimida.

Almuerzo

- Ensalada sazonada.
- Un huevo o un filete de pescado.
- Judías verdes o zanahorias (en cualquier caso hasta los 2 años, una edad en la que a menudo los niños no quieren todo lo que no sea blanco).
- Una pieza de fruta o un lácteo sin azúcar. También se le puede dar una fruta triturada o en trozos.

Merienda

- Leche o un lácteo (yogur o queso tierno sin azúcar).
- Pan.
- Una pieza de fruta.

Cena

- Sopa de verduras o puré, o bien verduras cocinadas al vapor (a los 2 años, puede comer pasta o patatas).
- Un lácteo (por ejemplo, queso, de sabor más fuerte, y no solo pasta, que puede resultar insípida) o una pieza de fruta.

Las comidas fuera de casa

Dos tercios de los bebés van a la guardería o tienen una canguro mientras sus padres trabajan. Así, una de cada dos comidas la toman fuera de casa. Confía en la persona que se ocupa del bebé, después de asegurarte de que sigue los consejos nutricionales del pediatra. Por la noche y durante el fin de semana, tómate el tiempo suficiente para que el bebé pueda descubrir nuevos sabores (verduras, lácteos, frutas, carnes y pescados).

No te olvides de mencionar a las personas que cuidan del bebé los alimentos contraindicados para él.

En casa de la canguro

Después de elegir a la canguro del pequeño, ya sabrás que le dará comidas adaptadas a su edad.

En raras ocasiones, el bebé come lo mismo que en casa, porque la persona que le cuida suele tener otras costumbres. Evidentemente, la alimentación debe ser sana y equilibrada, pero, como hemos visto, el equilibrio puede ser variado. Si el bebé tiene la suerte de tener una canguro de otra cultura, no es necesario que le pidas que le prepare una comida semejante a los estándares españoles. Sin embargo, debes asegurarte de que lo que le dé sea equilibrado.

El bebé tendrá la suerte de descubrir otros sabores y otra cultura. La cocina occidental no es la única recomendable para un bebé. Será algo positivo que el niño aprenda desde un principio que existen varias

UN PEQUEÑO CONSEJO

Podéis estar seguros de que el niño que come en la escuela recibirá un aporte de proteínas por lo menos una vez al día. En el caso de los niños que viven en situaciones sociales difíciles, comer en la escuela tiene una ventaja indiscutible, ya que como mínimo disfrutan de una comida completa equilibrada cada día.

culturas culinarias, ya que esto le permitirá comprender la diversidad. Aunque es necesario controlar la alimentación, no se debe ser demasiado estricto.

Es normal que le pidas a la canguro (ya que es su trabajo y, además, dispone de tiempo) que no dé al niño potitos, sino que cocine de forma equilibrada. Si es necesario, incluso es posible, gracias a los congelados, llevar la comida ya preparada.

En las guarderías, la alimentación suele estar marcada por un dietista, que elabora menús equilibrados y adaptados a los niños.

En la guardería

En la guardería, en general, la comida la preparan las cocineras. Podéis confiar en que el pequeño ingerirá unos alimentos sanos, equilibrados y sabrosos. Los bebés, por otra parte, suelen aceptar bien esta comida. En el tercer año de guardería empezarán a servirse ellos mismos y comerán ayudándose con una cuchara.

En el comedor escolar

Cuando el niño comienza a asistir a la escuela, ya tiene 3 años, de modo que no es un bebé. En la escuela le darán platos equilibrados, pero que, en general, no suelen cocinarse allí; cada vez es más habitual servir comida industrial en las escuelas. En general, a los niños no les gusta demasiado y, a menudo, en la escuela comen poco. Debéis informaros de lo que ha comido: si le han dado carne al mediodía, no merece la pena que volváis a darle lo mismo por la noche. El niño, al igual que sus padres, solo debe comer proteínas animales (carne, pescado o huevos) una vez al día. Los padres deben saber equilibrar la alimentación, pero es necesario conocer que este equilibrio no se consigue en un solo día, sino semanal o mensualmente. No intentéis suplir cada noche las carencias del mediodía.

De viaje

Cuando viajéis con el bebé debéis prever siempre una comida para él. Durante la salida puede tener hambre y el viaje puede durar más de lo previsto. Procurad tener algo preparado para estos casos.

El transporte de las comidas

No utilicéis termos. No se debe verter nunca leche caliente en un termo, porque es un medio de cultivo extremadamente propicio para las bacterias.

Una buena solución es salir de casa con un biberón de agua, la dosis de leche en polvo necesaria aparte y mezclar todo en el último momento.

Otra solución práctica consiste en salir de casa con un biberón vacío y limpio y unos envases pequeños de leche para la primera edad.

UN PEQUEÑO CONSEJO

También podéis guardar pequeños envases de leche en los lugares donde soléis ir con el bebé: en el coche, en casa de los abuelos, en la casa de campo, etc. Comprad uno o dos packs de seis y distribuidlos. Reservad algunos para un fin de semana o una salida improvisada.

En coche

Instalad al bebé en la parte posterior, en el lado opuesto al sol, y, si hace mucho calor, es preferible que el coche esté climatizado.

Si el pequeño tiene hambre, deteneros. No se puede seguir conduciendo con un niño que llora de hambre, porque puede suponer un peligro para la conducción. No desabrochéis nunca el cinturón de seguridad del niño para darle el pecho o un biberón, aunque la madre se siente en la parte trasera. Desabrochadlo solo cuando el coche se haya detenido. En los viajes largos, puede resultar más sencillo que la madre coja un avión con el bebé, que además viaja gratis. El padre puede ir en coche con el equipaje y tomarse el tiempo necesario para llegar a su destino con seguridad. También se puede llevar el coche cargado en el tren y viajar en coche-cama o en AVE... en familia.

En avión

Los bebés no tienen problemas con los oídos. El niño que ya ha padecido otitis puede padecerla con mayor frecuencia. Se aconseja que los niños de 1, 2 o 3 años traguen para que se les despeje la trompa de Eustaquio, que puede provocarles molestias, sobre todo cuando el avión aterriza. Pero nada de esto es indispensable en un bebé de pocos meses. Dejad que duerma tranquilamente. También puedes darle de mamar durante un vuelo de 1 000 km (preferentemente durante el aterrizaje) y dos veces si el vuelo es de 3 000 km (una al despegar y otra al aterrizar): en tres horas de vuelo, puede comer dos veces, pero no en una hora. Dale entonces el pecho o un biberón con una abertura pequeña para que succione con fuerza, ya que le resultará de ayuda para que se despeje la trompa de Eustaquio y evitar los dolores de oído.

UN PEQUEÑO CONSEJO

Si el bebé tiene menos de 1 año y no estáis seguros de las condiciones sanitarias del viaje, os aconsejo que llevéis una maleta con los potitos suficientes para todo el viaje. Así estaréis seguros de que su alimentación es sana y de que la aceptará.

En el restaurante

Los menús infantiles de los restaurantes a menudo resultan desequilibrados. Por regla general, constan de patatas fritas, filetes, escalopes, salchichas y bebidas de cola. ¡Un menú totalmente desequilibrado para cualquier persona! Pero la comida en el restaurante también puede ser un momento

excepcional del que disfrutar. Es preferible pasar una velada con un niño que come una vez un plato demasiado graso que con un niño al que se le ha intentado dar por la fuerza unas judías verdes y un filete de pescado al vapor porque es bueno para su salud. Si el pequeño pid e este tipo de alimentos no es el momento de mostrarse irracional, sino que es preferible que aprenda a disfrutar con cosas sanas. No pidas el menú infantil y permite que escoja de la carta; quizá le apetezca comer algo más sano.

En el extranjero (países tropicales)

Antes de salir

Con los niños hay que tomar las mismas medidas preventivas que con los adultos:

- tratamiento preventivo del paludismo (que no tiene nada que ver con la comida);
- vacunación contra la hepatitis A, de origen alimentario;
- vacunación contra el tifus, de origen alimentario;
- incluso también contra el cólera, de origen alimentario, aunque afortunadamente es menos frecuente.

Durante la estancia

Gracias a las vacunas, el niño podrá comer sin temor como sus padres. El pequeño únicamente debe comer verduras o frutas cocidas, ya que los alimentos crudos se habrán lavado con un agua que puede albergar parásitos. Solo debe beber agua de botellas precintadas. No le deis helados hechos con agua ni cubitos. Si el viaje es únicamente de placer y las condiciones no son buenas, es preferible cambiar de destino por el bien del pequeño. Si se trata de un viaje para visitar a la familia, aseguraros de que las condiciones sean las mejores posibles.

UN PEQUEÑO CONSEJO

A pesar de cualquier tipo de precaución, el pequeño puede padecer los mismos problemas que un turista adulto. En caso de diarrea, es importante que hayáis salido con soluciones de rehidratación. Así, es posible prepararle una bolsita de solución de rehidratación mezclada con agua embotellada y darle toda la que quiera.

Si no disponéis de una solución de rehidratación, en casos de emergencia se le puede dar un poco de refresco de cola que, en un primer momento, resulta bastante eficaz para rehidratarle. Podéis mezclarla con agua embotellada, y después de que se evaporen las burbujas puede beberla sin que resulte demasiado fuerte.

El papel del pediatra

El papel del pediatra no consiste en regir la vida de los bebés, sobre todo respecto a la alimentación, aunque debe ayudar a los padres a satisfacer a su hijo sin poner en peligro su salud. El pediatra ayuda a que el bebé esté bien y se mantenga así, mientras adquiere costumbres sanas que le permitirán convertirse en un adulto en plena forma.

Controlar los diversos equilibrios

Aunque resulta primordial, una alimentación equilibrada no siempre es suficiente para tener una buena salud. El pediatra debe reequilibrar las carencias del bebé con medicamentos o complementos alimentarios. Estas prescripciones, aunque se trate de complementos alimentarios que pueden adquirirse sin receta, en ningún caso deben administrase al bebé sin la supervisión del pediatra.

Vitaminas

La vitamina D

Como su nombre indica, una vitamina es un elemento químico de una importancia vital; sin ellas, se corre el riesgo de perecer. Una de las vitaminas más conocidas, y la más importante para el bebé, es la vitamina D, producida por el cuerpo de forma natural a través de la piel, siempre que le dé el sol.

UN PEQUEÑO CONSEJO

Tanto si al bebé se le dado el pecho como el biberón, es indispensable administrarle vitamina D durante los dos primeros años de vida, como mínimo en otoño e invierno, cuando hay menos horas de sol. La cantidad de vitamina D que necesita el bebé es de aproximadamente 1 000 unidades al día. Pero cuanto más oscura sea la piel del bebé, más necesidad de sol tiene para poder fabricar la cantidad de vitamina D necesaria.

La naturaleza ha previsto que los humanos vivan desnudos en el exterior, pero desde hace relativamente poco tiempo en la amplia historia de la humanidad, los hombres se visten, aíslan su piel del sol y viven en el interior. Estamos, pues, privados de vitamina D, porque esta vitamina no se encuentra en la alimentación y la leche materna prácticamente no dispone de ella.

Siempre resulta interesante suministrar al bebé algunos de estos suplementos, que no están cubiertos por la Seguridad Social.

La acción de la vitamina D permite que el intestino absorba el calcio presente en la leche. Si se ingiere leche sin vitamina D, el cuerpo evacua el calcio. La vitamina D también permite que el calcio se fije en los huesos. Su carencia hace que los huesos no estén firmes y, por tanto, se vayan deformando progresivamente: las muñecas se ensanchan, las piernas se curvan y el tórax se deforma. Nos estamos refiriendo al trastorno de la osificación que se denomina raquitismo, que no debe confundirse con la delgadez.

Si al bebé se le ha dado el pecho. Por regla general, la leche materna aporta todos los nutrientes y vitaminas que el bebé necesita. El aporte suplementario es, pues, una necesidad solo en algunos casos, como puede ser en los bebés prematuros o en las madres cuya dieta no sea la correcta. Si el bebé necesita una aportación suplementaria, se pueden administrar de 3 a 4 gotas de una las preparaciones habituales directamente en la boca o en algunos ml de leche. Ciertos productos tienen la ventaja de resultar deliciosos y, por tanto, de que el niño los tome con agrado. En cualquier caso la decisión debe tomarla el pediatra en función de si el bebé se desarrolla o no correctamente.

Si al bebé se le ha alimentado con biberón. Actualmente, las leches en polvo para bebés contienen los nutrientes necesarios para la alimentación del bebé, e incluso pueden estar enriquecidas con algunas vitaminas como el calcio. El aporte suplementario debe estar controlado por el pediatra.

Después de los 2 años. En los países con un número elevado de días de sol, como el nuestro, lo normal es que no sea necesario el aporte de vitamina D, ya que la luz solar favorece su síntesis.

Si es necesario dar al bebé un suplemento de vitamina D, la mejor forma de no olvidarlo es administrar sistemáticamente flúor con el biberón de la mañana, sin preocuparse de la pequeña pérdida posible si el bebé no se lo toma todo. Es preferible que tome el 90 % de la dosis cada día que olvidarse un día de cada dos de darle las gotas.

Las vitaminas A, B, E, etc. pronto estarán presentes en la alimentación diversificada y no es necesaria su prescripción sistemática, ya que su carencia resulta excepcional.

La luz solar favorece la producción de vitamina D. Por ello es importante que a los niños les de el sol, aunque con precaución y protección.

La vitamina K

Es necesaria para la coagulación de la sangre y, desde hace poco tiempo, se le administra al bebé una vez a la semana mientras se le da únicamente el pecho. Cuando el niño toma biberones, el aporte en vitamina K ya no resulta necesario.

La vitamina C

También es una vitamina importante para el correcto funcionamiento de los músculos y los glóbulos. En general, resulta inútil administrársela a los recién nacidos porque, pocos meses después, empezarán a ingerir fruta, que contiene vitamina C.

Flúor

El hecho de añadir flúor a la alimentación de los bebés disminuye a la mitad el riesgo de padecer caries. Es, pues, importante para la protección de los dientes, pero sobre todo hay que evitar darles una alimentación con demasiado azúcar.

SABER +

Cuando el niño ya tenga 1 año y medio o 2 años, querrá lavarse los dientes solo (no es necesario lavárselos antes). Cogerá el cepillo de los padres y luego el suyo para masticarlo. Al cabo de unos meses, empezará a frotarse los dientes y a pedir dentífrico, aunque se lo tragará. Si traga un poco de dentífrico, tragará flúor. A partir del momento en que empiece a lavarse él los dientes, ya no será necesario administrarle flúor en gotas o en comprimidos.

Quizá la madre ya lo haya tomado durante el último trimestre de su embarazo y se lo dará a su hijo hasta los dos años como mínimo, siempre teniendo en cuenta el aporte fluorado del agua que utiliza.
Es posible administrarlo puro en la dosis prescrita.

Pero, actualmente, se le administra flúor al mismo tiempo que la vitamina D, añadido a la leche, lo que reduce la posibilidad de que la madre se olvide.

Calcio

El calcio es necesario para que se desarrollen los huesos y sean fuertes. El feto tiene unos huesos no calcificados, blandos, que le permiten pasar por el cuello del útero en el momento del nacimiento. Solo más tarde, cuando tome calcio (siempre que contenga vitamina D para que este calcio resulte útil), los huesos se calcificarán, endurecerán y se tornarán sólidos. El calcio se encuentra

Los alimentos derivados de la leche son ricos en calcio, un nutriente esencial para el desarrollo de los huesos.

básicamente y en grandes dosis en la leche. Por diversas razones de equilibrio, el calcio de la leche materna resulta más asimilable que el de la leche maternizada: es una cuestión de psicología. Sin embargo, si el niño toma leche materna y no se le aporta un complemento de vitamina D, el calcio se asimilará y utilizará de forma insuficiente.

Por otra parte, la leche contiene un azúcar que se denomina lactosa. Para digerirlo, es necesaria una enzima que se denomina lactasa. El ser humano en la edad adulta, y en particular en algunas poblaciones, no tiene lactasa.

LOS PADRES PREGUNTAN

¿Debemos vigilar el aporte de hierro en la alimentación del bebé?

Sí, es importante que la alimentación aporte hierro. Una alimentación correctamente diversificada contiene el hierro necesario. Las leches denominadas de crecimiento tan solo constituyen un sucedáneo de precio elevado. En cuanto a la leche materna, no es suficiente por sí sola después de los 6 meses o 1 año.

El hierro se halla en las hortalizas verdes (en las espinacas mucho menos de lo que se cree), sobre todo en las judías verdes, así como en la carne, los huevos y los menudillos (principalmente en el hígado, siempre que proceda de un animal sano, el bazo y, por supuesto, la butifarra negra).

UN PEQUEÑO CONSEJO

Más que dar harinas sin gluten a los bebés, simplemente hay que evitar harina. Como hemos visto, la harina no aporta nada en cuanto al equilibrio alimentario del bebé y, como no le hace dormir, es preferible que no la tomen. Personalmente no recomiendo las harinas desde hace más de veinticinco años y esto no impide que los bebés duerman por la noche y crezcan.

SABER +

El pediatra solicita un análisis que le indique la tasa de hemoglobina (inferior a 10 g por litro de sangre) y el número de glóbulos rojos de la sangre. Si, efectivamente, existe una anemia, receta hierro en forma de medicamento para que el cuerpo fabrique hemoglobina. El tratamiento tiene una duración entre seis y ocho semanas. Deben realizarse análisis de sangre durante varios meses para controlar si la anemia es importante.

Existe un fruto que contiene mucho calcio: el dátil. Si no se ingiere la suficiente leche o lácteos, no se debe tener necesariamente un déficit de calcio; simplemente basta con comer una adecuada cantidad de dátiles.

Prácticamente nunca se le da calcio a un bebé, excepto si padece hipocalcemia, debida a la carencia de vitamina D.

Hierro

El hierro es un componente esencial de la hemoglobina, que, a su vez, es un componente esencial de los glóbulos rojos. La carencia de hierro causa anemia (disminución del número de glóbulos rojos en la sangre). La carencia de hierro puede hacer disminuir las defensas inmunitarias. Es, pues, importante para la salud disponer del hierro suficiente. Durante el último trimestre del embarazo, el feto recibe aportes de hierro, por lo que los bebés que nacen a los nueve meses rara vez tienen carencia de hierro.

En cambio, un niño prematuro nace con una escasa cantidad de hierro almacenada y rápidamente va a sufrir carencias. En este caso hay que administrarle hierro a través de medicamentos.

Gluten

El gluten es un componente de las harinas de trigo, que los bebés no siempre toleran de manera adecuada. El hecho de dar harina a los bebés en una fase temprana puede conllevar algunas enfermedades. Por ello, a los bebés de menos de 6 meses no se les debe dar harinas que contengan gluten.

Sodio, potasio, yodo

Hay que saber que estos oligoelementos forman parte de la alimentación y del cuerpo. Simplemente es suficiente con comer de una forma sana para no sufrir desequilibrios.

Crítica gastronómica

¿Los bebés son pequeños gourmets o glotones? ¡Gourmets, sin duda! Los adultos pueden convertirlos en glotones si insisten en que coman más de lo que requiere el hambre que tienen o si les ofrecen alimentos nocivos. También pueden hacer que sean golosos y que sucumban a la tentación de los envoltorios atractivos. Los tentempiés pueden hacer que se sientan atraídos por las calorías ocultas que se encuentran en algunos alimentos y bebidas, simplemente por el placer de comer cuando en realidad no tienen hambre.

¿Qué agua hay que dar al bebé?

La del grifo. Es la más económica, la mejor controlada y la más sana en general, excepto en los rarísimos casos en los que debido a restricciones por escasez de agua se recomiende no emplearla para el consumo. Las aguas aromatizadas, aunque menos edulcoradas que las sodas, contienen azúcar, lo que no las hace recomendables para los bebés. Además, introducen la idea de que el sabor dulce debe formar parte de la bebida. Los niños deben beber agua natural y esto forma parte de la educación de la primera etapa de sus vidas. Además, el resto de bebidas contiene edulcorantes, nada beneficiosos debido a las calorías vacías que aporta. Cuando el pediatra recomienda a los padres no dar agua azucarada o soda al bebé intenta evitar que engorde demasiado, padezca caries a una edad temprana o incluso que aumente el riesgo de convertirse en un niño obeso. Por otro lado, es importante que el bebé no se acostumbre a otras bebidas más perjudiciales cuando llegue a la adolescencia.

Evitar la comida basura

Las sodas, los zumos de fruta industriales o las aguas azucaradas de las que acabamos de hablar forman parte de lo que actualmente se denomina comida basura. Esta alimentación tan desequilibrada está estrechamente relacionada con problemas de sobrepeso y más tarde puede crear un problema de obesidad. Sin caer en la obsesión, es importante evitar la comida basura y alimentarse con productos naturales: agua del grifo, verduras frescas o

Puesto que a todos los niños les gusta el agua, es absurdo pensar que puede no gustarles y edulcorarla para que la beban. Es posible que no tengan sed, pero beberán cuando la necesiten.

UN PEQUEÑO CONSEJO

Creo que cuanto más se utilizan los potitos, que son insípidos, más malas costumbres alimentarias se enseña a los niños. En mi opinión, aunque son sanos, los potitos forman parte de la comida basura. Nada mejor que los potitos para adquirir la costumbre de la comida de los *fast-food*.

congeladas, e incluso en conserva (pero no cocinadas).

La comida industrial forma parte de la comida basura. Actualmente, el 80 % de los niños se alimentan con este tipo de productos. Los potitos y los platos cocinados para bebés son a priori adecuados en el plano del equilibrio nutricional. Los potitos solo se comercializan si los fabricantes han firmado un acuerdo muy estricto. En cambio, desde el punto de vista gastronómico, ya se ha visto que son discutibles.

Las trampas de la comida biológica

Protegerse de la comida basura es algo sano. Los alimentos biológicos son, pues, en principio, un acierto. No obstante, la alimentación biológica que rechaza los conocimientos médicos y científicos me parece nociva. Hay que desconfiar, pues, y no pasarse de un extremo al otro.

Cuidado con las falsas leches

Algunas madres consideran que la leche de vaca no es sana, puesto que algunos niños son alérgicos a las proteínas de esta leche. Entonces, la sustituyen por falsas leches, como la leche de soja, de castaña o de almendra. Pero estos productos no son leches, sino purés líquidos. No solo no aportan los nutrientes necesarios, sino que también contienen alérgenos, a veces bastante virulentos. La soja, así como la almendra y la castaña, del mismo modo que todos los frutos con cáscara, pueden resultar extremadamente alérgicos; son alimentos nada recomendables para los bebés. En este caso, se perjudica al niño cuando lo que se quiere es hacerle un bien. Si las almendras y los cacahuetes están prohibidos a los niños y no deben entrar en casa antes de que tengan 4 años, no hay que darles leche de almendras. La solución más adecuada para sustituir la leche materna es la leche de vaca modificada para que se asemeje en la medida de lo posible a la leche materna.

LOS PADRES PREGUNTAN

¿Qué son los alicamentos?

Los alicamentos son alimentos que se supone que tienen efectos terapéuticos para el organismo. Actualmente, tenemos tendencia a alimentarnos al mismo tiempo que tratamos desequilibrios imaginarios: beber un pequeño frasco de una bebida láctea muy cara permite vivir mejor durante mucho más tiempo y con mejor salud. Pero, en realidad, estos productos no tienen ninguna propiedad extraordinaria, excepto las ganancias que se obtienen con su comercialización. Todo lo que necesita el organismo (vitaminas, sales minerales, oligoelementos, etc.) se encuentra en una alimentación equilibrada. Simplemente, con ellos se intenta compensar una alimentación poco adecuada. Pero, ¿no resulta más sencillo alimentar a los niños de manera equilibrada y variada?

Controlar el crecimiento

En casa no debe haber ninguna balanza. La talla es el único criterio que hay que tener en cuenta.

La talla

Un adulto puede engordar o adelgazar, pero, una vez ha alcanzado su talla como adulto, ya no puede modificarla a menos que utilice zapatos con tacones altos o un peinado que le haga parecer más alto.

El pediatra mide regularmente al bebé (hasta su adolescencia) para asegurarse de que no existe ningún impedimento que evite que crezca de forma regular. Hasta el primer año, se mide a los niños cada mes, luego cada tres meses hasta los 3 años (y luego, cada seis meses) y el resultado se anota en la curva de crecimiento. Si el niño no crece, el pediatra intentará saber el motivo.

También en este aspecto, las medias no constituyen una norma: cada niño crece a su ritmo, que en un momento determinado puede ser rápido y en otro lento, pero no siempre regular.

El crecimiento es, como media, del orden de:

- 10 cm de 0 a 3 meses (primer trimestre)
- 10 cm de 3 a 9 meses (un semestre)
- 10 cm de 9 a 18 meses (un semestre y medio)

La rapidez de crecimiento va disminuyendo después progresivamente y es de:

La talla del niño es un buen indicador de su desarrollo; el pediatra controlará si su curva de crecimiento es correcta.

SABER +

Antes de preocuparse por saber si la talla del bebé es inferior a la media en las curvas, hay que tener en cuenta varios criterios.

Todos los bebés no tienen el mismo potencial en cuanto a la talla, ya que es una cuestión básicamente genética. Es, pues, posible calcular lo que se denomina talla-blanco, es decir, la talla que tendrá probablemente el niño si no existe nada que se oponga a ello. Se trata solo de un índice estadístico, pero puede proporcionaros una idea más precisa en función de vuestra propia talla.

- 24 cm el primer año (2 cm/mes de media)
- 6 cm el tercer año (0,5 cm/mes)

El niño seguirá creciendo como media 0,5 cm al mes hasta la pubertad.

La talla, un blanco para los padres
La talla-blanco se calcula sumando la talla de la madre y la del padre en cm y luego se divide por dos. A este resultado se le añade entre 5 y 8 cm si se trata de un niño y se le resta entre 5 y 8 cm si se trata de una niña:

Niño: Talla-blanco =
=(talla madre + talla padre): 2 + 5 a 8 cm

Niña: Talla-blanco =
= (talla madre + talla padre) :2 – 5 a 8 cm

Ejemplo 1

Si la madre mide 1,62 m y el padre 1,72 m (unas tallas más bien medias), la talla-blanco del hijo varón será:

((162 + 172): 2) + 5 a 8 cm = entre 1,72 m y 1,75 m

UN PEQUEÑO CONSEJO

La diferencia de peso entre los recién nacidos (que es evidente debido a que la rapidez de crecimiento es mucho mayor en el primer periodo de la vida) disminuirá en los primeros años.

No hay que hacer caso de las historias que afirman que el pediatra puede hacer crecer al bebé con mayor rapidez. Solo hay que llevar a cabo un tratamiento cuando existe una auténtica patología del crecimiento, que resulta algo excepcional, y que solo puede conocerse después de realizar un diagnóstico preciso; este tipo de tratamiento es algo importante, no se trata de una cura de belleza.

También resulta perjudicial atiborrar al niño a cualquier precio para que crezca. Aunque es cierto que si se mejora la alimentación se produce un aumento de la talla, lo que ganará será, sin duda, poco significativo, mientras que el riesgo de sobrepeso que conduce a la obesidad puede resultar perjudicial.

Ejemplo 2

Si la madre mide 1,56 m y el padre 1,84 m (o sea, una madre más bien baja y un padre más bien alto), la talla-blanco de la hija será:

((156 + 184): 2) - 5 a 8 cm = entre 1,62 y 1,65 m

También es posible que la primera pareja tenga dos hijos varones que midan 1,80 m, y que la segunda pareja tenga una primera hija que mida 1,60 m, mientras que la segunda será campeona de baloncesto y medirá 1,85 m.

Un bebé prematuro y que mida menos que otro que ha nacido a los nueve meses no tiene por qué ser más bajo al llegar a la edad adulta. La diferencia irá disminuyendo con el tiempo. Los bebés prematuros no tienen que corregir ningún retraso, sino que, por el contrario, van adelantados. Al nacer antes que los otros, se les mide antes; es, pues, totalmente normal que su talla sea menor.

UN PEQUEÑO CONSEJO

Los pediatras deben estar atentos para detectar cualquier problema, aunque no tiene ningún sentido obsesionarse con la calculadora para comprobar que el niño aumenta cada día de 25 a 39 g.

La norma, en el primer periodo de vida, es precisamente la irregularidad individual. Debemos adaptarnos a cada persona a medida que pasa el tiempo, sin querer mantenerle dentro una media normativa y nada beneficiosa debido a un rigor contable.

Asimismo, es tan inadecuado controlar la talla del bebé, milímetro a milímetro, semana tras semana, mes tras mes, como sacar conclusiones de las variaciones de peso de un día a otro o de una semana a otra. Hay que tener cierto distanciamiento, darse tiempo para que sus conclusiones como padres y las nuestras sean válidas.

El peso

Si bien la talla que se ha alcanzado es prácticamente inamovible, no ocurre lo mismo con el peso del bebé, que puede ser muy variable en función de la talla, así como de un bebé a otro.

Es, pues, totalmente necesario abordar este problema con flexibilidad: un bebé de 2 años que mida 85 cm puede pesar 9,8 kg (que es algo normal; es esbelto, pero no está delgado), mientras que su amiguito, que mide lo mismo, puede pesar 14 kg (un peso que también es normal, porque es un niño robusto, pero sin sobrepeso). Sin embargo, para estos dos niños, la media (que no hay que confundir con la norma) es de 12 kg y 85 cm. Se compara el peso con la talla y no con la edad: a los 2 años, un tercer niño puede medir 92 cm y pesar 14 kg y ser alto y delgado, mientras que un cuarto puede medir 80 cm y pesar 10 kg. Todos estos niños son normales, aunque existen diferencias entre ellos, del mismo modo que varían en cuanto a la media.

Contrariamente a lo que se dice en algunas ocasiones, si se multiplica por 2 la estatura del niño a los 2 años no se puede saber cuál será su altura de adulto. Es falso tanto estadísticamente como en el plano individual.

Hay que mantener la calma y no caer en un doble riesgo de inquietud. A la inquietud de todas las madres, desde siempre, de que el niño no engorde, se ha añadido, en nuestra civilización de la abundancia y el exceso, un nuevo temor, el de que se engorde demasiado. Entre la delgadez y la obesidad, las madres no deben ceñirse a la estrechez de una curva aritmética. La vida no es así.

SABER +

El bebe, como le ocurre a su madre, pierde peso. Durante los cinco primeros días, las reservas de líquido de los fetos (que representa una décima parte de su peso cuando nace) desaparece. Así, todos los bebés pierden peso, pero no se adelgazan. Simplemente pierden líquido, al igual que su madre que, tras el parto, pierde los litros de líquido que ha almacenado durante el embarazo. Con el paso de los días, la curva del peso se va dibujando y es única; no se parece a la de ningún otro bebé y es distinta de un día a otro, ya que cada uno es diferente.

El índice de masa corporal

Desde hace poco tiempo es habitual calcular una nueva cifra: el índice de masa corporal, que sirve para advertir sobre la tendencia al sobrepeso, que puede conducir a la obesidad, aunque no se trata de un problema que afecte a los bebés antes de los 3 años. Este índice se calcula en relación con el peso en kilos multiplicado por el cuadrado de la estatura en metros y permite verificar si el peso del bebé es excesivo respecto a su estatura. Este índice debe ser inferior a 20. Hay que tener en cuenta que el crecimiento de los niños depende de tres factores fundamentales como son la genética, la nutrición y el buen funcionamiento hormonal. La influencia de la genética puede observarse estudiando la constitución de determinadas familias e incluso grupos étnicos. Pero, aunque caracteres como la talla y el peso puedan estar determinados en parte por la genética, es innegable que factores externos como la nutrición juegan un papel esencial.

El perímetro craneal

Se trata de otro criterio de control numérico del bebé, pero no tiene nada que ver con la alimentación. El médico, al controlar regularmente el crecimiento del cráneo, verifica que el cerebro crezca lo suficiente, puesto que este es el que impulsa el crecimiento del cráneo. También comprueba que el cráneo no se dilate excesivamente por la presión del líquido encéfalorraquídeo que rodea al cerebro. Si el líquido no puede circular con normalidad y se acumula, provocará una hidrocefalia (una enfermedad muy poco frecuente que actualmente tiene curación).

UN PEQUEÑO CONSEJO

Para realizar un seguimiento, todos estos datos numéricos resultan más fáciles si el médico establece unas curvas temporales, que luego pueda comparar con las curvas estándar. Así, en amplios periodos de tiempo, podrá observarse si los cambios de ritmo son normales o no. Solo en el caso de que persista una anomalía, el pediatra debe buscar la causa que, rara vez es patológica.
Habitualmente las desviaciones de la curva se deben a hábitos incorrectos como son una alimentación desequilibrada o el sedentarismo. En estos casos basta con modificar dichos hábitos para que se corrijan las desviaciones observadas.

Curar si es necesario

La mayor parte de los trastornos no son patologías. Y en la mayoría de los casos no es necesario un tratamiento médico.

No hacer nada si no es necesario

Es muy poco frecuente que la patología que se presente precise tratamiento. Algunos pediatras que se empeñan en querer intervenir excesivamente deberían aprender a permitir que la vida familiar de sus pacientes se desarrollara sin su presencia constante. Es suficiente con prevenirles de que una práctica alimentaria determinada puede conllevar unas consecuencias nocivas. En este caso, el pediatra debe explicar a los padres cuál es el peligro que corre el bebé. Pero, si solo se trata de nimiedades sin ninguna importancia, el pediatra debe contentarse con no prescribir nada y únicamente aconsejar a los padres. Si no existe la necesidad de aplicar un tratamiento, este puede llegar a resultar perjudicial en el futuro.

En los últimos años se ha detectado un aumento en el número de niños que presentan algún tipo de alergia.

SABER +

La alergia a las proteínas de la leche de vaca es la alergia más precoz que padecen los bebés. Pero es menos frecuente de lo que se cree y deja de producirse a partir de los dos años.

Alergias e intolerancias

La alergia es una reacción específica relacionada con unos anticuerpos particulares (las inmunoglobulinas E o IgE), que se desarrollan contra lo que consideran un agresor (un alérgeno). Esta reacción (la alergia) solo aparece si existe un terreno propicio (la atopia). Las alergias se desarrollan cada vez más en los niños que viven en las ciudades. Efectivamente, la vida aséptica que llevan ya no conduce a su organismo a reconocer los auténticos agresores,

LOS PADRES PREGUNTAN

¿Qué debemos hacer los padres que somos alérgicos?

- Si al bebé se le da el pecho

Debe evitar totalmente el consumo de cacahuetes y de otros productos oleaginosos (avellanas, nuez de acajú, etc.) durante la lactancia (como durante el embarazo) y, en la medida de lo posible, hacer lo mismo con otros alimentos potencialmente alérgenos. Esto disminuirá los riesgos de que el bebé se torne sensible a ellos a través de la madre durante su vida fetal y los primeros meses de vida.

- Si el bebé se ha alimentado con biberón

El pediatra escogerá una leche hipoalergénica, cuyo sabor y olor sean normales, o no alérgena (hidrolisato de proteínas) que, a pesar de su olor poco agradable, en general los bebés la aceptan muy bien. En cuanto al gluten, un componente del trigo, puede provocar la enfermedad celíaca cuando se introduce demasiado pronto. Para evitarlo, no se deben utilizar harinas para preparar los biberones, porque no son de ninguna utilidad y solo conllevan efectos nocivos. En caso de alergia al gluten, este produce una abrasión de la mucosa de los intestinos, que conduce a una desnutrición progresiva. En cualquier caso, hay que intentar no poner a un recién nacido en contacto con lo que puede ser un alérgeno para él. Aunque los hijos de padres alérgicos tienen muchas posibilidades de heredar la atopia, corren pocos riesgos de vivir en un medio lleno de alérgenos, puesto que sus propios padres deben protegerse de ellos.

como algunos microbios, y a ofrecerles resistencia. Por ello, los bebés confunden a los auténticos y a los falsos asaltantes, y sus cuerpos, demasiado protegidos, libran batallas inadecuadas.
Está demostrado que los niños que viven en el campo, y sobre todo los que crecen cerca de animales (y, en particular, de las vacas), desarrollan menos alergias, tanto respiratorias como cutáneas o alimentarias, puesto que su cuerpo está habituado y su sistema inmune no actuará sobre posibles alérgenos como el polen, las plumas de los animales o los ácaros.

¿Qué medidas hay que tomar para prevenir las alergias?

Los niños no nacen alérgicos. Tampoco heredan las alergias que sufren sus padres, ya que este trastorno no es hereditario. Lo que sí pueden heredar es su terreno atópico. Contra esta herencia (el terreno) no se puede hacer nada, tan solo intentar que no aparezca la alergia aplicando unos simples consejos.

– En primer lugar, hay que intentar que el terreno no se torne demasiado favorable:

- el tabaco favorece las alergias de las vías respiratorias;
- los detergentes agresivos, los suavizantes para la ropa y algunos productos de higiene y de belleza para bebés irritan la piel y favorecen las alergias cutáneas;
- la introducción demasiado precoz de otros alimentos además de la leche favorece las alergias del tracto digestivo;
- hay que evitar el aire demasiado seco de las viviendas excesivamente caldeadas;
- hay que evitar al máximo las infecciones respiratorias, como las bronquitis víricas.

– Cuando existe un terreno favorable, hay que evitar «sembrar» en él alérgenos (sustancias conocidas que provocan reacciones alérgicas):

- respecto a las vías respiratorias (nariz, laringe, oídos) y los ojos, los problemas dependen de la estación del polen;
- en cuanto a los pulmones (asma), hay que evitar los pelos y las plumas de animales, así como el polvo, porque contienen ácaros.

Diagnosticar las enfermedades

Para los padres es importante saber que el hecho de consultar a un pediatra no significa esperar que prescriba un medicamento, sino, ante todo, que reflexione sobre el problema que se le plantea.

En cuanto al pediatra, también debe evitar actuar antes de saber contra qué enfermedad va a luchar. Lo más difícil es establecer un diagnóstico fiable. Si no es evidente, es preferible no recetar nada, tanto si se trata de una dieta como de un medicamento (alopático u homeopático).

A menudo, si se deja que una alteración de este tipo madure, se puede establecer un diagnóstico, confirmado, si es necesario, por análisis complementarios. Es totalmente excepcional que, debido a la alimentación, el niño sufra una patología grave que requiera un tratamiento de urgencia. Afortunadamente, estos casos poco frecuentes son enfermedades muy bien estudiadas. Los pediatras están, pues, preparados para actuar con eficacia frente a ellas.

Si no existe una patología evidente, una prescripción puede hacer creer a los padres que su hijo está realmente enfermo y preocuparles inútilmente.

Lo mejor que puede hacer el pediatra es tranquilizar a los padres y aconsejarlos. Los medicamentos, especialmente los antibióticos, no siempre son la solución y una prescripción no adecuada puede causar problemas.

UN PEQUEÑO CONSEJO

Con el pretexto de evitar la alergia a las proteínas de la leche de vaca, algunos padres utilizan leche de cabra (totalmente desequilibrada para el bebé, por sus múltiples carencias) u otros productos vegetales, denominados erróneamente leches. Nunca lo repetiremos bastante: en realidad, se trata de zumos de productos vegetales potencialmente mucho más alérgenos que la leche de vaca y que crean carencias que pueden resultar graves. Estos productos vegetales pueden ser cereales (soja, arroz) o, lo que es peor, oleaginosos (nueces, avellanas, almendras, castañas). Estos frutos con cáscara son alérgenos y nunca deben darse a los niños antes de los 3 años en las familias atópicas y antes del primer año en el resto.

No os dejéis llevar por afirmaciones sin fundamento, que ponen verdaderamente en peligro al bebé.

La mejor forma de prevenir la alergia a las proteínas de la leche de vaca es dar el pecho al bebé.

Hay que tener en cuenta que algunas intolerancias a la leche pueden ser pasajeras debido, por ejemplo, a problemas intestinales en los niños. En ese caso, una vez se hayan solucionado los problemas, se podrá volver a dar leche de vaca.

Los trastornos que más preocupan a los padres

Las alteraciones digestivas que pueden jalonar la vida del bebé son numerosas y a menudo inquietan a los padres. Vamos a referirnos al tracto digestivo en su conjunto, desde lo que entra a lo que sale, y a los múltiples trastornos que se producen. Algunos son un indicio de situaciones fisiológicas y no son patologías, mientras que otros son patologías banales que no revisten ninguna gravedad. Por último, algunas son enfermedades peligrosas, que afortunadamente hoy en día tienen curación.

Los trastornos habituales

Existen numerosas situaciones que implican una alteración de la digestión y que crean preocupación en los padres. Se trata de situaciones que plantean problemas a algunos pediatras porque, al no ser conocidas, no se enseñan en la universidad. El cuerpo de cada persona puede funcionar de forma diferente. El propio hecho de utilizar un término médico para hablar de ellas puede parecer que se trata de una enfermedad… pero hay que abordarlas con calma, porque en realidad no lo son.

El estreñimiento

El estreñimiento del segundo mes

No se trata de un verdadero estreñimiento, puesto que las heces, aunque son escasas y difíciles de expulsar, en general no son secas ni duras, sino todo lo contrario.

Al principio de su vida, las heces del bebé son más bien líquidas y se expulsan de forma fácil y frecuente: hasta siete veces al día, a veces incluso como un chorro, que mancha a los padres de amarillo, sin que se trate de una diarrea patológica. Pero entre el primer y el tercer mes, tanto si el bebé es amamantado como si toma biberones, a menudo, y a pesar de todos sus esfuerzos, no consigue expulsar las heces.

Durante horas hace fuerza y su cara adquiere un color rojo con un tinte violeta, que constituye una fuente de preocupación para los padres. Además, se queja bastante debido al malestar que siente, aunque consiga expulsar las heces. A pesar de los terroríficos comentarios de las abuelas y de las amigas… e incluso a veces de los pediatras, es normal que durante este periodo el niño solo consiga expulsar las heces una o dos veces a la semana. Aunque su alimentación sea la misma, sin que la materia se vuelva necesariamente más densa, las heces, tan frecuentes durante el primer mes, súbitamente se tornan escasas. No se trata de una cuestión de la leche ni del agua.

UN PEQUEÑO CONSEJO

El máximo tiempo que un bebé puede dejar de defecar lo han establecido los bebés a los que se les da el pecho, cuya madre no tenía ningún problema digestivo o alimentario. Aunque algunos niños han pasado varios meses sin evacuar nada, es preferible consultar al pediatra al cabo de ocho días. No es necesario preocuparse antes, ya que no se trata de nada grave. Por supuesto, la consulta se impone si esta falta de heces se acompaña de dolores intensos que impiden que el bebe coma, vómitos muy abundantes con bilis o sangre, y un malestar general caracterizado por un cambio de color de la piel, que pasa del rosado al gris o al azul. El pediatra llevará a cabo entonces los exámenes necesarios para descartar la posibilidad de una oclusión, aunque esta enfermedad es muy poco frecuente.

Después de los 3 meses, los bebés recuperan la capacidad de expulsar las heces con más facilidad. Las heces, más regulares, tampoco son diarias (no hay nada que lo imponga). Algunos niños defecan dos o tres veces al día, mientras que otros lo hacen una sola vez cada dos o tres días. Pero todos los bebés son normales. Las mismas heces pueden tener una consistencia más o menos dura (desde la consistencia de una boñiga de vaca a los excrementos de un conejo) y un color variable: del amarillo anaranjado cuando la dieta es completamente láctea, al marrón en un niño de más edad cuya alimentación ya es variada. Hacia los 3 o 4 meses, el niño pasa por un breve periodo durante el cual las heces pueden ser grises, y tener una consistencia extraña, parecida a la pasta de modelar.

Cuando el bebé aprende a ser limpio

Hacia los 2 años, en el momento en que el niño aprende a ser limpio, aparece otra dificultad. Debido al esfuerzo que hace para controlar sus esfínteres, el niño puede ir más allá de su objetivo y evitar evacuar las heces. Además, le obsesiona una nueva inquietud: teme perder esta parte de él en el pozo sin fondo de los inodoros. Este temor conduce a menudo a los niños de esta edad a evitar defecar durante el mayor tiempo posible, hasta que ya no puede más. Pero si pasa días y días sin defecar, las heces adquieren un mayor volumen y se secan y entonces su evacuación

El uso del orinal puede provocar estreñimiento en los niños que se sienten presionados por controlar sus esfínteres.

SABER +

No es motivo de preocupación si las heces del bebé son de color verde: en la famosa y temible diarrea verde que tanto temían nuestros mayores, lo peligroso no era el color verde, sino la fluidez de las heces (ver gastroenteritis).

UN PEQUEÑO CONSEJO

El tratamiento casi nunca es médico, pero hay que explicar el problema al niño. Y, en cualquier caso, hay que ayudarle a no sentir dolor cuando vacía los intestinos. Después de algunos días, durante los cuales se licuan las heces y se lubrifica el ano, el temor al dolor desaparece y el niño vuelve a defecar de nuevo.

La aparición de los primeros dientes puede estar asociada a algunos síntomas como la hipersalivación.

se torna dolorosa e incluso puede sangrar ligeramente. Como cada vez tiene más dolor y más miedo, puede padecer un verdadero estreñimiento, que no es fruto de un mal funcionamiento de los intestinos, sino de un inadecuado control de los esfínteres. Durante algunas semanas, es preferible no utilizar el inodoro, donde su desaparición al hallarse en el cuarto de baño, desvinculado de la casa, refuerza la inquietud del niño. En general, es mejor utilizar un orinal de aspecto simpático o, si este resulta inquietante, se puede utilizar lo que se denomina un orinal blando, es decir, un pañal que solo se le debe poner al niño en el momento en que va a defecar, durante unos minutos, y que no debe dejarse puesto durante todo el día, puesto que ya controla fácilmente la orina. Dejársela permanentemente le incitaría a relajarse en este sentido, y nadie le debe impedir que crezca.

La dentición

Se ha escrito mucho sobre esta cuestión. Algunos médicos incluso se han hecho famosos por haberse reído de las madres que constatan, como lo hicieron sus antepasadas tiempo atrás, que los bebés sufren molestias cuando les salen los dientes.

Ningún estudio científico ha podido demostrar hasta el momento la causa directa de la dentición con algunas indisposiciones del bebé: para comprobarlo habría que realizar al bebé algunos exámenes complementarios, desagradables o incluso dolorosos. La mayoría de los pediatras que se han formado con estudios clínicos, se niegan a practicar estas clases de tests a los bebés, excepto, por supuesto, si se trata de comprobar que sufren una enfermedad real.

Sin embargo, a pesar de la prudencia justificada y de la falta de comprobación, parece evidente que existen algunas alteraciones causadas por la dentición: la prueba es que, cuando salen los dientes, todos los síntomas desaparecen. Y no existe ninguna enfermedad vírica, ninguna infección bacteriana ni ninguna infección que pueda curarse con este simple milagro: la salida de un diente.

UN PEQUEÑO CONSEJO

Los síntomas debidos a la dentición pueden también tener su origen en otras alteraciones, que a veces son patologías: estos síntomas requieren un examen médico antes de constatar que se deben a la salida de los dientes para que no pase desapercibida una enfermedad real.

LOS PADRES PREGUNTAN

¿Cuáles son los síntomas relacionados con la dentición?

La dentición se manifiesta, en primer lugar, por una salivación excesiva, que puede iniciarse a partir del segundo mes, aunque el diente salga mucho más tarde. Aunque esta hipersalivación es un signo de que hay un diente en camino, no resulta molesto para el bebé.

Sin embargo, otros síntomas, mucho más desagradables, pueden deberse a la dentición y constituir un conjunto de signos reveladores. En primer lugar, y ante todo, el dolor: como este tiene lugar en la boca, puede disuadir al bebé de comer. Y como se trata de dolor, debéis darle al bebé analgésicos.

Rojeces en las mejillas y en las nalgas. En el caso de estas últimas, hay que aplicar pomada. Si se producen rozaduras o sangran, podéis aplicar una crema cicatrizante, de venta en farmacias. También podéis dejar al bebé con las nalgas al aire tanto rato como sea posible. Si las lesiones supuran, es posible consultar con el pediatra.

Una intensificación de la regurgitación es algo habitual, sin llegar a producirse vómitos.

Las heces se modifican y no se tornan líquidas como el agua, sino deshechas y blandas, como si fuera crema. Además, tienen un olor nauseabundo. Cuando se ha olido una vez, nunca más se olvida este olor. Estos síntomas no tienen nada que ver con una gastroenteritis, sino con la dentición. No hay que temer que se produzca una deshidratación y darle una dieta especial al bebé, porque no tendría ningún efecto.

La nariz puede tener más mucosidades, acompañadas de una ligera tos, incluso a veces con silbidos. En cambio, la dentición no suele provocar otitis.

La última consecuencia de la dentición es la fiebre. Aunque es posible que ocurra, no es algo sistemático, de la misma forma que los demás signos de los que hemos hablado. La fiebre puede llegar a los 40 °C o incluso más, y como en todos los demás casos en que se produce, requiere un tratamiento antipirético (el mismo medicamento que se utiliza para el dolor), mientras persista. Por supuesto, hay que consultar al pediatra si la fiebre no baja, para erradicar cualquier riesgo de infección. Como los demás síntomas debidos a la dentición, la fiebre remite casi instantáneamente cuando el diente atraviesa la mucosa con o sin la ayuda del pediatra.

¿Tiene que intervenir el pediatra?

Algunos pediatras optan por ayudar a que los dientes de los bebés traspasen la mucosa gingival cuando consideran que son la causa de los malestares de los que se ha hablado. Se ha podido constatar la innegable eficacia de esta intervención indolora.

Para ello, tras un examen completo para eliminar cualquier riesgo de otra enfermedad, se utiliza una espátula transparente (a través de la cual se ve cómo surge el diente) para presionar la mucosa sobre el diente, que la atraviesa en unos segundos. ¡Problema resuelto! En general, los síntomas desaparecen inmediatamente.

Los dientes que causan más problemas son los primeros molares (que salen cuando el bebé tiene alrededor de un año) y los caninos (poco después); la salida de los incisivos (durante el primer año) y de los

Es normal que los recién nacidos regurgiten algo de leche inmediatamente después de la toma; no debe ser motivo de preocupación.

últimos molares (hacia los 2 años) en general se tolera mejor.

Por supuesto, cuando, a pesar de su salida, el estado patológico persiste, hay que realizar un examen más profundo y añadir análisis clínicos complementarios. Pero, en general, el bebé que llega con las molestias causadas por la dentición, sale de la consulta sin ellas.

Existen leches antirregurgitación, que son más espesas, pero es inútil utilizar harinas, que, además, contienen demasiadas calorías.

Rechazo, regurgitación, reflujo

Las regurgitaciones son rechazos espontáneos de la leche a través de la boca o incluso de la nariz. Son indoloras, habituales, forman parte del funcionamiento normal del cuerpo y afectan a más de un recién nacido de cada cinco.

Si la regurgitación se produce inmediatamente después de la toma, por ejemplo, en el momento del eructo, la leche que sale todavía es líquida. Si se produce una hora o dos después de la toma, la leche ha tenido tiempo de cuajarse en el estómago, y lo que se expulsa está, en parte, cuajado (como si fuera requesón) y en parte líquido e incoloro. Si el bebé no tiene más hambre, no le des nada; si lo reclama, no dudes en volver a darle de comer. Si tiene hambre, comerá de nuevo y digerirá sin problemas.

¿Qué se puede hacer?

A pesar de que resulte desagradable, este reflujo no debe tratarse. Sin embargo, puedes preparar unas tomas más espesas y proteger la parte inferior del esófago de la acidez con unos geles protectores. Así pues, no son necesarios medicamentos ni exámenes complementarios, salvo en los casos de reflujos gastroesofágicos patológicos, que son muy poco frecuentes.

Las regurgitaciones se acompañan entonces de manifestaciones de una verdadera patología:

- Rechazos que pueden producirse durante mucho tiempo después de la toma y ser dolorosos y molestos para el bebé, que se queja dando gritos;
- procesos infecciosos otorrinolaringológicos repetidos: no se trata de catarros frecuentes en todos los bebés, sino de otitis repetidas;
- afecciones respiratorias o episodios asmáticos que se repiten;
- episodios de apnea acompañados de malestar.

Es poco frecuente que estas complicaciones se manifiesten de una forma severa. En primer lugar, toma las medidas habituales en una regurgitación. En cambio, si el bebé se retuerce de dolor, consulta al pediatra, porque puede tratarse de un reflujo en el que el líquido gástrico, que es ácido, ascienda hasta el esófago y lo irrite. Además de la leche antirregurgitación, el pediatra puede recetar un gel de protección para el esófago. Si este tratamiento resulta ineficaz y al bebé le cuesta comer y, además, a largo plazo, no va ganando peso, podría tratarse de un auténtico reflujo gastroesofágico patológico, que sería problemático debido a las consecuencias respiratorias que puede tener y que requiere un tratamiento.

Las negativas habituales respecto a la alimentación

El bebé, a lo largo de su vida, pasa por cierto número de etapas en la evolución de sus hábitos alimentarios que pueden expresarse a través del rechazo de todo lo que le parece inquietante. Cada novedad le inquieta, como a todos los animales salvajes: este fenómeno se denomina neofobia, temor a la novedad. Por ello, estas novedades deben prepararse anticipando las dificultades.

El biberón

Como se sabe que el bebé al que solo se le ha dado el pecho hasta los 3 meses, a esta edad no quiere el biberón, hay que darle un biberón de vez en cuando a partir del primer mes, una edad en la que lo acepta sin problemas. Cuando la lactancia materna esté perfectamente establecida, el padre le puede dar un biberón a la semana. Esto no obstaculiza en absoluto la lactancia materna y facilita la transición cuando hay que empezar a trabajar.

La cuchara

Los bebés de menos de 6 meses no saben comer con cuchara. Solo saben alimentarse chupando. Antes que acercarse al niño con una cuchara cuando se disponga a comer, es más sensato esperar a que esté saciado después del biberón o del pecho y proponerle que coma algo con cuchara: un postre a base de frutas o verduras trituradas después de la toma, una vez ha calmado el hambre.

El vaso

El vaso también requiere cierta destreza. Algunos vasos con asa se chupan, pero aprenderá a beber poco a poco, durante el segundo año.

Los trozos

Los trozos de comida a menudo son mal tolerados por el niño si modifican sus costumbres, porque ya no encuentra la consistencia cremosa de la alimentación con cuchara. Para no favorecer sus rechazos dándole comidas poco trituradas, permite

UN PEQUEÑO CONSEJO

El pediatra puede prescribir medicamentos (que, adecuadamente utilizados, no suponen ningún riesgo). También puede aconsejaros que acostéis al bebé boca abajo y que inclinéis el colchón como mínimo 30 grados.

LOS PADRES PREGUNTAN

Cuando se produce un reflujo, ¿debe hacerse una radiografía del estómago?

Se ha hecho durante mucho tiempo y se ha comprobado que resulta ineficaz. Sin embargo, en los casos complejos, el especialista en gastroenterología pediátrica puede considerar que merece la pena realizar exámenes complementarios. Quizás el pediatra decida hacerlo debido a las complicaciones descritas anteriormente, aunque no exista regurgitación. Entonces se practica una pHmetría: una sonda muy delgada se deja en el esófago durante varias horas para comprobar el grado de acidez. Si el médico opina que puede existir una esofagitis, recomienda la realización de una esofagoscopia.

A mi padre le han operado de una hernia de hiato. ¿Puede esto afectar a mi bebé?

No se trata de la misma patología, por lo que la herencia no interviene. Por otra parte, en la mayoría de los casos, el reflujo gastroesofágico del bebé desaparece espontáneamente durante el primer año. De forma totalmente excepcional, si persistiera después de los 2 años con complicaciones, podría contemplarse la posibilidad de una operación.

que coja trozos grandes con las manos y que se los lleve a la boca, que es algo que sabe hacer muy bien a partir de los 6 u 8 meses. Encontrará en ello un gran placer si se trata de un alimento que se puede desmenuzar mientras lo chupa (pan, pera, plátano u hortalizas tiernas como el calabacín o la patata más que una manzana demasiado dura). El niño aceptará bien estas novedades si le dejas tiempo para que se acostumbre a ellas.

Lo verde

Independientemente del número de verduras que haya podido probar y apreciar durante los dos primeros años, el niño, bruscamente, hacia esta edad rechaza todo lo que es de color verde. Ya no le gustan las espinacas y las judías verdes que tanto le gustaban y solo quiere cosas blancas. Quiere patatas (a trozos o en puré), pasta (blanca, pero no verde), arroz y pan. No merece la pena enfadarse por la cuestión de las verduras verdes porque no las comerá. Comedlas vosotros y de este modo el niño seguirá viendo que son comestibles. También debe comer fruta, ya que es un alimento sano.

A partir de los 6 u 8 meses, los niños encuentran gran placer en coger pequeños trozos de alimento y llevárselos a la boca.

Patologías triviales

A menudo, los padres, e incluso los pediatras, consideran que la leche es la causante de los pequeños problemas triviales del bebé con la alimentación. Pero, de hecho, es muy poco frecuente que esta sea la causa real. Prueba de ello es que los cambios repetidos de leche, que a menudo llevan a cabo los padres para intentar resolver los problemas de digestión de su hijo, no son de ninguna eficacia, razón por la que se desaconsejan. Solo después de realizar un diagnóstico, el pediatra puede recomendar el uso de una leche específica o de una dieta adecuada.

Anemia por falta de hierro

La anemia es la más frecuente de las pequeñas patologías que afectan a los bebés (casi uno de cada cuatro).

Efectivamente, para fabricar los glóbulos rojos que necesita, el bebé utiliza el hierro. El bebé ha almacenado el hierro en el vientre de su madre durante el embarazo, en particular durante el tercer trimestre. Pero la cantidad almacenada es muy escasa si el embarazo dura menos tiempo (parto prematuro). Más tarde, el niño absorberá hierro con la leche materna o del biberón, pero sufrirá carencias si el aporte alimentario es insuficiente.

Hacia los 6 meses, la cantidad de hierro almacenada se agota. Si el aporte alimentario es insuficiente, esto conduce a una incapacidad de generar suficientes glóbulos rojos, por lo que su número disminuye peligrosamente si no se actúa. Por ello, las leches de la segunda edad son ricas en hierro. El aporte de hierro en una alimentación variada desempeña también un papel importante para evitar la anemia.

UN PEQUEÑO CONSEJO

El bebé que tiene anemia se torna pálido; este hecho se hace evidente principalmente en los labios y las encías, así como en los globos oculares. Cuando el pediatra sospecha que existe anemia a partir de estos signos o debido a otitis repetidas, solicita un análisis de sangre para controlar el número de glóbulos rojos. Si es bajo, la anemia es importante, y entonces receta jarabe de hierro, que provoca unas heces irregulares (diarrea, estreñimiento, heces demasiado negras, etc.). Este tratamiento debe prolongarse durante más tiempo si la anemia es importante, incluso a veces durante varios meses.

En cambio, está fuera de lugar pensar en una transfusión, excepto en el caso de anemias excepcionalmente graves, y no de origen alimentario, sino causadas por enfermedades de la sangre específicas y graves.

Alergia a las proteínas de la leche de vaca

Es necesario saber que resulta trivial que un bebé, en un primer momento, no tolere bien la leche que se le da. En general, se trata de matices de sabor, concentración del polvo en el agua, temperatura de la leche o precipitación en la forma de darle el biberón, y no a una alergia real.

En cambio, hay que estar atentos si el bebé sufre regurgitaciones más intensas que las habituales, una diarrea repetida, grita, está pálido o se enrojece mucho después de tomar un biberón de leche y si se siente mal.

Si estos signos se repiten después de varias tomas seguidas, es necesario consultar al pediatra. Si este tiene dudas, en un primer momento puede retirar la leche de vaca. Esto puede ser suficiente para hacer desaparecer los síntomas; además, el diagnóstico se puede confirmar con la reintroducción de la leche de vaca, que causará la reaparición de los síntomas. Los recientes patch-tests son útiles para un diagnóstico fiable. El pediatra recomendará otra leche, más adaptada, para el bebé.

Hay quien propone utilizar leche de soja, especialmente elaborada para los bebés, pero suelen ser también alérgenas.

En caso de una alergia comprobada, como medida de prevención deben evitarse:

- las leches de 1ª edad, independientemente de su recomendación: premium, confort, antirregurgitación, etc., porque todas contienen proteínas de leche de vaca no modificadas y, por tanto, alérgenas;
- las leches llamadas hipoalergénicas, en las que las proteínas de la leche de vaca han sido en parte hidrolizadas (fragmentadas en trozos más pequeños, menos alérgenos). Estas leches, en principio, son útiles como prevención para los recién nacidos en cuya familia existan miembros con alergias, pero no tienen ninguna eficacia cuando la APLV está comprobada.

Otras alergias

Las alergias a otros alimentos indiscutiblemente aumentan en nuestra

UN PEQUEÑO CONSEJO

Si el diagnóstico es bastante evidente y los síntomas son graves, el pediatra deberá prescribir, aunque su olor y su sabor sean extraños, el hidrolisato de proteínas, en el que las proteínas se han reducido a fragmentos muy pequeños, incapaces de provocar alergias.

Si el diagnóstico no es evidente y el cambio de leche no ha dado resultados, se le debe volver a dar al bebé una leche de 1ª edad estándar un mes más tarde.

Si el cuadro clínico (el conjunto de los síntomas) es grave y se acompaña de un malestar (regurgitaciones intensas y diarrea repetida) que requiere hospitalización y un análisis alérgico más profundo, el pediatra intentará, con precaución, mucho tiempo después y con un control hospitalario de algunas horas, la reintroducción de la leche de vaca, que a menudo se tolera bien. Pero esta prueba no debe realizarse antes de que el bebé tenga de 6 meses a 1 año.

civilización, pero no son tan frecuentes como los medios de comunicación pretenden hacernos creer.

No deben darse frutos rojos a los niños antes del año, ya que podrían desarrollar algún tipo de alergia alimentaria.

Sin embargo, para evitarlas se aconseja a los padres que retrasen o eviten la introducción de los alimentos potencialmente alérgenos para todos los bebés y, en particular, para los bebés de las familias muy alérgicas. No se les dará:

- antes de 1 año: huevos, frutas y verduras exóticas (mangos, guayabas, kiwis);
- antes de 2 años: pescados y, sobre todo, crustáceos;
- antes de 3 años: frutos con cáscara (cacahuetes, almendras y aceite de almendras dulces, pistachos, nueces, avellanas, etc.).

La alergia a estos alimentos se manifiesta en las horas siguientes a su ingestión con una urticaria más o menos extendida (que a veces puede ser importante), con erupciones (rojas) y placas bastante gruesas no localizadas, sino situadas en todo el cuerpo y que, además, producen picor.

SABER +

El tratamiento inmediato es un antihistamínico en jarabe, al que se añade, en las situaciones más graves, un tratamiento a base de cortisona por vía oral o intravenosa.

En general, si la alergia no es muy fuerte, remitirá en unas pocas horas. En otros casos es necesario acudir al pediatra, que le recetará un antihistamínico, que, como cualquier medicamento, debe tomarse solo por prescripción médica.

Gluten

La intolerancia (o alergia) al gluten, que era tan frecuente cuando se daba harina de forma regular a los bebés (que solo servía para que se engordaran), prácticamente ha desaparecido desde que apenas se utiliza. Las harinas que se utilizan a pesar de todo antes de los 6 meses son cereales sin gluten. Después de los 6 meses, puedes darle pan al bebé sin miedo, porque lo tolerará. El gluten no provoca reacciones alérgicas agudas (de tipo urticaria), pero en los bebés de corta edad desencadena una degradación progresiva de la mucosa intestinal, que le impide desempeñar su función. Los bebés afectados por esta patología denominada enfermedad celíaca por mucho que coman no engordan, porque su aparato digestivo, incapaz de desempeñar su papel de absorción, permite que todos los nutrientes se eliminen con las heces, que

SABER +

Algunas patologías se deben al régimen alimentario.

- **En caso de intoxicación, si tu hijo se ha tomado accidentalmente un producto peligroso (un medicamento o un detergente), más que hacer que beba leche (que no está indicado), llama al número de urgencias, el 112, que te orientará de los pasos que debes seguir.**
- **En caso de tratamiento prolongado (más de una semana) con cortisona (no por vía local, sino por vía oral), hay que evitar poner sal en los alimentos, puesto que la cortisona que se toma por vía oral retiene la sal que, a su vez, retiene líquidos y provoca hinchazón en los bebés. Otras enfermedades requieren una dieta muy específica (diabetes, insuficiencia renal, así como algunas enfermedades metabólicas excepcionales).**

son demasiado abundantes. La supresión del gluten de la alimentación permite que el bebé sane casi inmediatamente. Por ello, es preferible evitar el consumo de cereales en el caso de los bebés menores de los 6 meses.

Intolerancias

Aunque no se trata de una alergia, puede existir intolerancia a la lactosa, el azúcar que contiene la leche. A pesar de que no tiene importancia en los adultos, la mayoría de los cuales (como el resto de mamíferos adultos) no dispone de lactasa (la enzima que digiere la lactosa), también es poco frecuente en los bebés, a los que casi nunca les falta lactasa. Es, pues, es excepcional que se recomiende una leche sin lactosa. Sin embargo, a veces hay que utilizarla en casos de gastroenteritis severas y prolongadas, cuando la lactosa (que, en estas condiciones, irrita la mucosa intestinal) se tolera mal.

Reflujo gastroesofágico

Es mucho menos frecuente que la anemia.
Hace veinte años se habló demasiado del reflujo gastroesofágico. Se llegó a creer algo que actualmente se sabe que no es cierto, y es que este reflujo era la causa de la muerte súbita inexplicable de algunos bebés.

Este temor condujo a una importante toma de conciencia por parte de un gran número de pediatras, que prescribían un tratamiento antirreflujo a casi todos los bebés que atendían. Pero se demostró que esto era no solo excesivo, sino además potencialmente arriesgado para algunos bebés, que toleraban mal este tratamiento. Actualmente, el número de tratamientos ha disminuido claramente, pero todavía son demasiados, porque son poco eficaces y, a menudo, inútiles. Como se ha dicho anteriormente, las regurgitaciones son frecuentes y nada importantes; solo los escasos reflujos gastroesofágicos que tienen consecuencias respiratorias (otitis repetidas, asma, laringitis) justifican realmente un tratamiento que vaya más allá de espesar las comidas y proteger el esófago.

Se ha dicho que un bebé de cada cinco regurgita a menudo y sin esfuerzo. Este reflujo fisiológico no le hace ningún daño y no altera en absoluto su salud. Tampoco tiene ninguna consecuencia en su crecimiento ni en su bienestar.

Patologías severas

El bebé puede padecer otras patologías severas e incluso peligrosas, que justifican las precauciones que toman los pediatras, así como la terapéutica médica moderna, que ha cambiado su evolución.

Gastroenteritis

Se trata de una afección del estómago (*gastro-*) y de los intestinos (*-enteritis*), y casi siempre es de origen vírico, debido a un rotavirus. Aparece durante las epidemias estacionales o en casos aislados y puede afectar tanto a los adultos como a los niños en edad escolar (en este caso, puede ser poco severa), pero también afecta a los bebés, que corren el riesgo de deshidratarse.

La gastroenteritis se manifiesta en el bebé con vómitos (varios al día), falta de apetito (no se le debe forzar a que coma porque aumentarán los vómitos), y una diarrea inodora y líquida, como si fuera agua, que se produce de forma repetida (a menudo, varias veces en una hora). Si tiene fiebre, en general no es demasiado alta (38 °C).

Este tipo de diarrea, asociada con vómitos, hace pensar al pediatra que se trata de una gastroenteritis viral, que no requiere ningún análisis complementario, sino una simple dieta. Ningún tratamiento (dieta o medicamento) es realmente capaz de detener la diarrea (que, en este caso, solo dura uno o dos días). Se puede dejar que continúe siempre que se compensen las pérdidas que supone: durante esos pocos días durante los cuales el bebé pierde mucha agua y sal con la diarrea, se puede evitar la deshidratación dándole agua con sal, así como azúcar, que le aportará energía, puesto que no come. Gracias a los sobres de rehidratación disponibles en todo el mundo, la mortalidad por gastroenteritis ha disminuido considerablemente. El bebé debe beber la cantidad que necesite. Si lo rechaza, significa que no tiene sed; simplemente no está deshidratado.

En cambio, si unos vómitos intensos le impiden beber, la deshidratación puede acentuarse. No esperéis a que aparezcan los signos clínicos clásicos de la deshidratación para reaccionar, porque será demasiado tarde: cuando los ojos están hundidos, la fontanela deprimida y la piel del vientre seca, la deshidratación es ya importante y la situación entraña peligro.

Son bastante más habituales las gastroenteritis bacterianas que las víricas. Su gravedad se debe a ciertos gérmenes extraños (salmonelas, shigelas, o incluso estafilococos). Se trata de gastroenteritis en

UN PEQUEÑO CONSEJO

Afortunadamente, en la actualidad, gracias a las soluciones de rehidratación que los padres pueden utilizar con facilidad, la mortalidad a causa de las gastroenteritis virales casi se ha erradicado en los países desarrollados. Pero se ha considerado que merecía la pena crear una vacuna (oral) contra este rotavirus potencialmente peligroso. Esta vacuna solo está realmente justificada en el caso de un bebé de menos de 6 meses, que corre el riesgo de deshidratarse.

SABER +

Los sobres de rehidratación son fáciles de utilizar: basta con disolver un sobre en 200 ml de agua y dárselo a beber al bebé tan a menudo como quiera. Se rehidratará mejor si bebe con frecuencia pequeñas cantidades, puesto que un volumen demasiado importante puede hacerle vomitar y, por tanto, no tendrá ninguna utilidad.

las que la fiebre es alta y las heces son viscosas, como los esputos de pus con sangre. El coprocultivo (análisis de las heces), que habitualmente es inútil, en estos casos puede confirmar el diagnóstico. El tratamiento antibiótico y en algunos casos la hospitalización pueden ser indispensables para tratar la infección y evitar una deshidratación todavía más peligrosa.

Anorexia

La anorexia se caracteriza por la disminución o la pérdida del apetito. Este trastorno no tiene ninguna relación con la anorexia nerviosa, una patología psiquiátrica grave que sufren a menudo los adolescentes, sobre todo las mujeres.

La anorexia del bebé es una patología muy extraña que rara vez conduce a una enfermedad severa.

- Hacia los 6 meses, el niño rechaza los trozos que se le quieren dar con una cuchara.
- Hacia el primer año, ya no desea comidas de bebés.
- Hacia los 2 años no quiere alimentos de colores (verduras verdes, tomates, zanahorias) y solo comer cosas sin color.
- En cualquier edad es bastante normal que cuando se está de mal humor o enfermo no se tenga hambre y no se coma.

El apetito varía a menudo en el bebé y puede disminuir notablemente. Más que querer imponerle unos alimentos que no quiere comer, hay que aceptar momentáneamente sus exigencias para salir de la situación. El bebé, con los labios apretados, se niega obstinadamente a comer y las comidas se convierten en una pesadilla. Y entonces se crea un círculo vicioso. Pasan los días y los padres están cada vez más ansiosos. Cuanto más intentan forzarle,

UN PEQUEÑO CONSEJO

Ante una deshidratación severa, hay que actuar y, en primer lugar, consultar al pediatra. Luego, un control atento del peso (mañana y tarde) en los días posteriores permite saber si es necesario hospitalizar al pequeño. Si la pérdida de peso es demasiado importante, quizá sea necesario rehidratarle por vía intravenosa. La situación es peligrosa cuando el niño pierde en total el 10 % de su peso (1 kg de pérdida en un bebé de 10 kg) o si pierde el 5 % de su peso entre un control y otro (500 g de pérdida entre la mañana y la tarde en un bebé de 10 kg): como la rehidratación oral no es suficiente a pesar de los esfuerzos de los padres, hay que llevar al niño al hospital.

mayor es el riesgo de que se agrave la anorexia y persista, hasta que la situación se torne insostenible. Por otra parte, lo menos eficaz para intentar que el bebé coma es exigirle que lo haga, porque su rechazo será categórico.

La anorexia puede aparecer cuando los padres del bebé, ansiosos porque creen que come muy poco, insisten en que coma cuando no tiene hambre. A la madre que suplica al bebé intento explicarle que su hijo se siente en el interior en una trampa y que solo dispone de un arma (no consciente y no voluntaria) para intentar salir de ella: negarse a comer.

El niño se interesará espontáneamente, a veces mucho después, por lo que ha aprendido a conocer y apreciar cuando era pequeño, siempre que en la mesa sigan sirviéndose cosas sabrosas y sanas.

UN PEQUEÑO CONSEJO

La introducción de nuevos alimentos y sabores puede provocar el rechazo en algunos niños, pero es muy importante conseguir que la dieta de estos sea completa y variada. Intentad que prueben diferentes cosas.

Los niños deben acostumbrarse a comer lo mismo que sus padres, siempre y cuando estos lleven una dieta equilibrada.

Es importante que los padres eduquen a los niños también respecto a la alimentación, que debe ser sana y equilibrada.

Es trabajo de los padres tener una alimentación variada y sana en las comidas que comparten con su hijo.

Si esta situación os parece que dura demasiado, hablad con el pediatra y explicadle lo sucede a la hora de comer. En general, el pediatra conoce estas situaciones y os ayudará a minimizar el problema: el bebé, aunque no coma nada, no está en peligro. La anorexia patológica, que conduce a la pérdida total del apetito, es grave, pero excepcional. Solo una consulta a un especialista (el pediatra os orientará) puede resultar de ayuda.

UN PEQUEÑO CONSEJO

Por regla general, el pediatra no suele prescribir ningún medicamento para abrir el apetito. Sabe que el apetito del niño se enfrenta, en cierta manera, a un obstáculo: el deseo de sus padres de verle comer tanto como creen que es necesario. Si se observan las curvas de peso y de talla, es fácil comprobar que el bebé crece de manera normal. Lo único que se puede hacer es comprender lo que ocurre, cuál es el reto que está en juego y poner las condiciones para que todo vuelva a la normalidad, siguiendo estos consejos:

- No fuerces nunca al bebé a que se acabe una comida, ya sea un biberón o un plato, y no guardes las sobras para más tarde.
- Intenta que las comidas se desarrollen en un ambiente distendido sin prestar una atención particular a lo que come el niño, quien, progresivamente, advertirá que la trampa se abre y no se sentirá obligado a no comer para intentar escapar de ella. Pronto, todo el mundo se sentará a la mesa con ganas.
- No intentes introducir a la vez demasiados sabores nuevos; deja que tu hijo se vaya acostumbrando poco a poco a probar cosas nuevas.

Obesidad

Aunque la obesidad prácticamente no afecta los bebés antes de los 3 años, es útil hablar de ello para ayudar a los padres a prevenirla.
Existen dos ejes importantes que les permitirán luchar contra las tentaciones de nuestra sociedad y evitar que el bebé caiga en la trampa de una obesidad futura.

El niño debe escoger

En primer lugar, es recomendable permitir que el bebé coma libremente, según el hambre que tenga, sin pretender imponerle unas reglas en función de las estadísticas pediátricas, con un reloj o una balanza. Desde el momento en que se permite que él solo regule su alimentación en función de su apetito, dejará de comer cuando no tenga más hambre y nunca excederá sus necesidades y, por tanto, no se convertirá en un niño obeso. Ningún animal salvaje que vive en la naturaleza está obeso, porque deja de comer cuando su hambre está saciada. Solo los animales domésticos o enjaulados pueden convertirse en obesos: por aburrimiento, pueden comer más de lo que necesitan. Entonces, no introduzcas al bebé en una «jaula» frente a la televisión a partir de los 3 meses, porque dentro de unos años se pasará la vida sentado pasivamente frente al televisor, comiendo todas las golosinas que promueve la publicidad.

La actitud de los padres

Los padres deben tener sentido común y no dejarse llevar por las pretendidas cosas buenas que la publicidad nos ofrece. Deben ser conscientes de la escasa cantidad de nutrientes adecuados que estos productos

La actividad y una alimentación sana son la mejor forma de prevenir los problemas de sobrepeso en los niños.

UN PEQUEÑO CONSEJO

Las costumbres alimentarias se crean pronto. Saber dejar de comer cuando ya no se tiene más hambre y comer cosas sanas se aprende desde los primeros meses; esto evitará que el niño, a partir de los 3 años, esté obeso.

contienen y no deben permitir que en casa entren alimentos que no sean sanos.

El segundo eje que permite luchar contra los problemas de peso que aparecen desde la infancia es evitar los alimentos industriales. La costumbre de utilizar potitos, aunque sean equilibrados, conduce directamente a ello; simplemente es suficiente con una hora en la cocina a la semana o al mes, y no hace falta pasar en ella una hora diaria para darle al niño comidas sanas. Olvidaros de los tóxicos alimentarios: bebidas industriales casi todas demasiado edulcoradas; galletas con calorías ocultas, con demasiado azúcar y grasas; patatas fritas que rezuman aceite, etc. El azúcar, para el niño, es un tóxico tan peligroso como el alcohol para los adultos. Por otra parte, el exceso de uno conduce al abuso de otro, como han demostrado algunos estudios desde hace mucho tiempo. Así, pues, al igual que el alcohol para los padres, el azúcar debe ser un placer excepcional para el niño.

Más que centrarse en una dieta que controla cada gramo y cada caloría, y creer que la lectura atenta de los envases puede ser una actitud eficaz, hay que ser prácticos:

- el pan mejor que los pasteles;
- el agua del grifo mejor que las sodas o las aguas azucaradas;
- las patatas y la pasta, sí, pero sin que estén sumergidas en grasa;
- la fruta mejor que la bollería industrial;
- los juegos y la bicicleta mejor que la televisión… e ir a pie a la escuela, no en cochecito;
- la comida variada, mejor que siempre lo mismo.

También los padres deben resistir las tentaciones. No adquiráis malas costumbres:

- no deis un caramelo al niño para consolarle;
- no abráis un paquete de golosinas mientras estáis haciendo encargos con él;
- dadle solo agua para tranquilizarle;
- no acostumbréis a vuestros hijos a picar entre horas;
- acostumbradlos a comer fruta después de las comidas.

La obesidad no se produce por contagio; no se trata tanto de una enfermedad como de una tendencia de nuestras sociedades enfermas. Aunque su tratamiento solo implica a los médicos, la prevención debe incluir a los responsables públicos con campañas de orientación y educación.

En cuanto a los padres, no deben dejarse convencer por la publicidad existente, que incita a comer demasiado a la vez que exalta la delgadez extrema como único criterio de belleza. Deben intentar salir de la trampa y no permitir que se cierre con sus hijos dentro.

Si los padres optan por una alimentación equilibrada, es fácil que sus hijos sigan el ejemplo.

Glosario

> Anorexia del lactante > Calostro > Destete > Diarrea aguda del lactante > Estreñimiento > Gluten > Hipo > Intolerancia a la leche > Reflujo gastroesofágico > Vómitos

Anorexia del lactante

La anorexia es la pérdida o disminución del apetito.

Si el bebé empieza a comer menos que antes, no hay que alarmarse. Durante el primer año de vida, debe adaptarse sucesivamente al pecho o al biberón y luego a la cuchara. La alimentación, que primero es líquida, se hace cada vez más espesa, con pequeños trozos de consistencias diferentes. En ocasiones, al bebé le cuesta aceptar estos cambios. Las variaciones del apetito son frecuentes, por lo que hay que tener paciencia.

No obstante, conviene asegurarse de que el bebé no sufre trastornos digestivos o fiebre, por lo que a veces es necesario acudir al médico, que comprobará si la causa de la pérdida de apetito es una infección o una enfermedad.

La anorexia aparece cuando los padres, ansiosos al ver que el niño come poco, quieren alimentarlo a toda costa: el bebé reacciona rechazando la comida, hecho que inquieta más a los padres. Para evitar esta situación, no hay que forzar nunca al niño para que acabe el biberón o el plato. Las comidas deben desarrollarse en un ambiente distendido y tranquilo. Y no hay que despertarle para darle de comer.

Calostro

El calostro, un líquido denso y amarillento, es la primera leche que segregan las glándulas mamarias después del parto.

El calostro, que se produce en las horas que siguen al nacimiento del bebé, presenta un bajo contenido en azúcar y en lípidos; al igual que la leche materna, aporta al recién nacido unos factores de defensa insustituibles, que le protegen contra numerosas infecciones. Contiene inmunoglobulinas A, anticuerpos de protección de la mucosa digestiva y linfocitos B y T, que intervienen en la protección de la mucosa del intestino.

Otros elementos, como el *lactobacillus bifidus* (presente, sobre todo, en el tubo digestivo), favorecen la implantación de una flora intestinal que ayuda a una buena digestión (con las bacterias saprofitas), reduciendo así el riesgo de gastroenteritis en el bebé.

En pocos días, la leche sustituye al calostro.

Destete

En un primer momento, el destete consiste en sustituir la lactancia con el pecho por la lactancia con biberón. En un segundo momento, este término también designa el paso progresivo de una alimentación solo láctea a comidas más diversificadas. Esta segunda fase, en general, se produce entre la edad de 3 y 6 meses.

Para cesar la lactancia en curso, basta con reducir progresivamente el número de tomas sustituyéndolas por un biberón de leche artificial (lactancia mixta). La secreción láctea entonces disminuye y cesa por sí misma. Esta etapa en general corresponde al final del permiso por maternidad y a la vuelta al trabajo. No obstante, la madre puede decidir practicar una lactancia mixta y dar el pecho, por ejemplo, por la mañana y por la noche.

Diarrea aguda del lactante

La diarrea aguda del lactante conlleva una mayor frecuencia de las deposiciones, que tienen una consistencia poco habitual: heces blandas, mal moldeadas, grumosas, mezcladas con trozos de comida o líquidas. Suelen ir acompañadas de fiebre y de dolor de abdomen.

Numerosas infecciones víricas irritan el tubo digestivo y producen a menudo diarreas agudas. En este caso, junto con las náuseas y los vómitos, hay que estar alerta para evitar la deshidratación. Lo primero que hay que hacer con un bebé que se alimenta con biberón es sustituir la leche maternizada. Si se le da de mamar, hay que consultar al médico.

Para impedir que el lactante se deshidrate, hay que darle una solución de rehidratación que venden en farmacias. Aporta el agua y las sales minerales imprescindibles para el equilibrio hidrosalino del niño.

A partir de los 5 o 6 meses, se le puede dar un poco de manzana cruda, plátano, arroz o membrillo. Generalmente, a los dos o tres días el bebé podrá volver a tomar leche, a medida que la diarrea vaya desapareciendo.

Estreñimiento

El niño está estreñido si las heces son duras y defeca muy de vez en cuando: menos de una vez al día antes de cumplir el año, menos de una vez cada 48 horas entre 1 y 4 años, y menos de tres a la semana después de los 4 años.

Si el bebé se alimenta con leche materna, hace sus necesidades con frecuencia; generalmente una vez por toma. Pero no es extraño que algunos bebés solo defequen una vez al día. En estos casos, la leche materna se absorbe totalmente y no deja residuos. Se trata de falso estreñimiento.

Si el bebé toma biberón y parece que está estreñido, en primer lugar hay que tomar medidas como ver si se ha preparado bien la leche o darle zumo de naranja natural. No es conveniente recurrir a medicamentos. El tránsito intestinal se restablecerá por sí solo.

Si el niño es mayor, hay que darle fruta y verdura para comer y hacer que beba con regularidad.

Gluten

Es una proteína de origen vegetal que se encuentra en el trigo y en otros cereales, como la cebada, el centeno y la avena. El arroz, la soja y el maíz no tienen gluten.

El gluten puede provocar una reacción de intolerancia que se caracteriza por una diarrea crónica. Esta intolerancia, llamada enfermedad celíaca, produce carencias de vitaminas y calorías.

El peligro de intolerancia al gluten es aún mayor cuando su introducción en la alimentación es precoz. Por este motivo no se les da a los bebés antes de los 6 meses; las harinas de primera edad no tienen gluten.

Para confirmar una intolerancia al gluten, se analiza una muestra del intestino. En caso de intolerancia, se prescribe al niño un régimen a base de arroz, maíz y soja, sin gluten. Actualmente se comercializan numerosos preparados alimenticios sin gluten.

Hipo

Es una contracción brusca del diafragma, acompañada de un sonido involuntario característico.

El hipo aparece en el lactante mientras toma el biberón o justo después. El diafragma del niño se contrae de forma repetida y las vibraciones de la glotis transmitidas a las cuerdas vocales producen ese breve sonido agudo.

Generalmente, el hipo se desencadena cuando el niño bebe demasiado deprisa y traga aire. El estómago se hincha, estimula el diafragma y provoca este efecto. Este hipo es muy corriente y no resulta nada preocupante. Durante la toma hay que ir haciendo pausas y, para facilitar el eructo, hay que coger al niño en posición vertical o acostarlo sobre el vientre, ligeramente levantado.
En casos excepcionales, el hipo, asociado a otros síntomas (el bebé toma mal el biberón, regurgita, su curva de peso no es óptima), puede deberse a una inflamación del esófago.

Intolerancia a la leche

Cuando el lactante presenta dificultades para alimentarse (regurgitaciones, vómitos, diarrea...) puede tratarse, en algunos casos, de una intolerancia a la leche, en especial si la lactancia es artificial.
Sin embargo, estos síntomas no son específicos y pueden deberse a cualquier otro tipo de trastorno digestivo. Ante los problemas para alimentar al bebé, es inútil cambiar de marca de leche, pues las composiciones de casi todas son muy parecidas.
La intolerancia a la lactosa, el azúcar principal de la leche, es excepcional. Si es el caso, hay que excluir temporal o definitivamente la lactosa de la dieta y sustituirla por una leche de transición sin lactosa.
Las leches maternizadas que se dan a los lactantes se fabrican a base de leche de vaca. Las proteínas de la leche de vaca pueden producir reacciones inmunológicas que impiden un buen funcionamiento del intestino. En este caso, el médico receta alimentos sin proteínas de leche de vaca en un tratamiento que dura entre 12 y 18 meses.

Reflujo gastroesofágico

Es la regurgitación del contenido ácido del estómago hacia el esófago.
El bebé puede eructar y provocar la subida de la leche, una regurgitación, durante la toma o cuando se le da el biberón. Este trastorno no es nada preocupante si tiene lugar justo después de la toma o del biberón.
No obstante, la reincidencia de este fenómeno o su aparición mucho después de las comidas, acompañado de dolor y palidez, es síntoma de un mal funcionamiento de la zona de unión entre el esófago y el estómago. Consulte al médico.

Vómitos

Los vómitos son frecuentes en los bebes y en los niños. Pueden ser ocasionales o reflejar una enfermedad digestiva.
Un vómito aislado, sin fiebre ni diarrea, se considera ocasional y suele ser benigno. Sin embargo, hay que pensar siempre en un motivo alimentario (indigestión). En los bebés, los errores alimentarios pueden provocar vómitos repetidos. No obstante, también pueden ser producto de un reflujo gastroesofágico.
Los vómitos pueden producir una deshidratación, sobre todo si el niño se niega a alimentarse, por lo que es vital determinar las causas lo antes posible.

Bibliografía

Bajraj, G., *Nuevas recetas para bebés y niños pequeños*, Alba Editorial, Madrid, 2007.

Bradford, M., *La alimentación de nuestros hijos: para crecer con salud y vitalidad*, Océano-Ámbar, Barcelona, 2006.

Brazelton, T. B. y Sparrow, J. D., *Alimentación en la primera infancia: el método Brazelton*, Ed. Medici, Barcelona, 2007.

Cabezuelo, S., *Enséñame a comer*, Edaf, Madrid, 2007.

Estivill, E. y Domènech, M., *¡A comer! Método Estivill para enseñar a comer a los niños*, Plaza & Janés, Barcelona, 2004.

González, C., *Mi niño no me come*, Ediciones Temas de Hoy, Madrid, 2004.

Houdebine, L. M., *¿Hay que dar de mamar al bebé?* Ediciones Akal, S.A., Madrid, 2005.

Lirio, J., *Niños... ¡a comer!*, Espasa Calpe, Madrid, 2006.

Direcciones de interés

- **Asociación española de pediatría**
Aguirre, 1 Bajos derecha
28009 Madrid
Tel. 91 435 49 16
www.aeped.es

- **Sociedad española de gastroenterología, hepatología y nutrición pediátrica**
Hospital Universitario de Valme
Servicio de Gastroenterología Pediátrica
Carretera de Cádiz s/n
41014 Sevilla
Tel. 955 01 57 45
www.gastroinf.com

- **Asociación de madres Liga de la leche**
www.laligadelaleche.org

- **Asociación de madres Vía Láctea**
www.vialactea.org

- **Federación de asociaciones de celíacos de España**
Hileras, 4, 4º 12º
28013 Madrid.
Tel. 91 547 54 11
www.celiacos.org

Índice

3 1901 05816 3843